窑街煤电·企业文化丛书
YAOJIE COAL AND ELECTRICITY & CORPORATE CULTURE SERIES

成长的足迹

CHENG ZHANG DE ZU JI

○ 窑街煤电集团有限公司 编

甘肃人民出版社

图书在版编目（ＣＩＰ）数据

成长的足迹 / 窑街煤电集团有限公司编. -- 兰州 ：
甘肃人民出版社，2022.12（2024.1重印）
ISBN 978-7-226-05927-2

Ⅰ．①成… Ⅱ．①窑… Ⅲ．①煤炭工业－企业集团－
概况－甘肃 Ⅳ．①F426.21

中国版本图书馆CIP数据核字(2022)第236459号

责任编辑：李依璇
封面设计：吴妍景

成长的足迹

窑街煤电集团有限公司　编

甘肃人民出版社出版发行
（730030　兰州市读者大道568号）

河北浩润印刷有限公司印刷

开本 787毫米×1092毫米　1/16　印张 13.25　字数 200千
2022年12月第1版　　2024年1月第2次印刷
印数：2061~4060

ISBN 978-7-226-05927-2　　定价：45.00元

编委会

前言

PREFACE

　　窑街煤电集团有限公司认真贯彻落实习近平总书记关于加快构建现代职业教育体系，培养更多高素质技术技能人才、能工巧匠、大国工匠等系列重要指示精神，牢固树立"科技兴企、人才强企"理念，紧盯企业高质量发展目标，明确了职业教育在企业中的战略定位，确定了职业教育的工作目标和具体措施。自2019年以来，我集团全面启动全员素质提升行动。

　　几年来，我们坚持"党管培训"原则不动摇，形成了党委全面领导、全员全过程全方位育人、职工综合素质全面发展的育人新格局，建立健全分工明确、保障有力、考核严格的"选准、育强、激活"高素质人才培养长效机制，从培训课程设计、师资队伍建设、方式方法创新等方面，强化学历提升、师徒传承、岗位练兵、基地建设等措施落实落地，建平台搭舞台、增收入塑形象、上装备减强度，在事业、待遇、环境上留住人才；建立"新八级工"制度，全面推行高技能人才与专业技术人才职业贯通发展，促进了职称、职业资格、技能等级认定有效衔接；助推"技能甘肃"建设，成为全省第一个企业与职业高校共建学院联合办学，产教融合打造职业教育高地；深化机制改革，增强从业人员喜培乐训的内生动力，激发全员干事创业、竞相成长的积极性，以高素质职工队伍推动集团公司安全生产形势根本好转和高质量发展。

　　经过三年努力，窑街煤电集团有限公司全员素质提升工作成效显著、有目共睹，许多单位和部门的成功经验可圈可点。为更好地巩固全员素质提升发展成果，促进互学共鉴，在集团公司党委主要领导的强力推动下，近期系统总结了集团公司及机关部门和子（分）公司、二级单位在职工素质提升方面的经验做法和成效，力求为职工和企业共同成长提供参考借鉴。

本书虽经编纂人员辛勤努力和各单位、部门的积极配合，但也因能力有限，难免有未尽或疏漏之憾，恳请各位读者批评指正。

窑街煤电集团有限公司
2022年9月

目录
CONTENTS

以全员素质提升推动企业高质量发展

窑街煤电集团有限公司

近年来，窑街煤电集团有限公司认真贯彻习近平总书记关于人才培养工作"发展是第一要务、人才是第一资源、创新是第一动力"的重要指示精神，大力实施人才强企战略，积极构建全员素质提升"三全育人"（党委对素质提升工作的全面领导，全员全过程全方位育人，职工综合素质全面发展）新格局，着力增强全员素质提升"三性"，培养"四型"高素质专业化的职工队伍，为推动企业全方位高质量发展提供了强有力的人才保障。

一、强化"四动"工作法，着力增强全员素质提升能动性

（一）强化组织领导推动。集团公司和二级单位均成立了以党委书记为组长、领导班子成员为副组长、机关各部室和各二级单位负责人为成员的全员素质提升工作领导小组，将全员素质提升工作与安全生产、经营管理、改革发展等工作同规划、同安排、同考核、同落实。制定并落实《窑街煤电集团有限公司党委关于加强职业教育提升全员素质的意见》《窑街煤电集团有限公司职工职业教育培训管理办法》等10项制度，将培训中心更名为职业教育中心。建立完善集团公司、各单位、部室、专业、区队、班组六级培训管理架构，形成了党委全面领导、牵头部门组织督导，各单位认真实施、齐抓共管，各层级职责清晰、运转高效的闭环管理机制，确保了全员素质提升工作扎实推进。

（二）强化宣传引导发动。充分利用会议、文件、有线电视、局域网、内部刊物等有效形式和宣传资源，大力宣传全员素质提升工作的重要意义、目标要求与实施步骤，及时报道全员素质提升工作进展情况、取得成效，全面推广好经验、好做法、好典型，较好地形成了深入推进全员素质提升的浓厚氛围和以点带面、整体推进的工作格局。2020年以来，在集团公司有线电视、"图说窑煤"微信公众号、"精彩窑煤"抖音（快手）号、《窑街煤电报》刊发全员素质提升各类稿件470余篇，在甘肃国资等平台刊发全员素质提升各类稿件21篇。

（三）强化表彰奖励驱动。全面施行"21+1"培训，职工在工作21天的基础上，每月集中一天时间带薪脱产培训。鼓励职工考取国家准入类专业技术职业资格，对持有企业所需资质证书的42名职工每月发放证书使用津贴。给报考参加学历提升且在规定时间内取得毕业证书的管理人员予以奖励，对职工查出的安全隐患采取收购式奖励。坚持每年举办集团公司职工岗位技能大赛，每年开展窑煤工匠、"十佳专业技术带头人"、"十佳岗位能手"评选活动，对聘用的工匠和优秀技能人才实行津贴激励，有效激发了广大职工学技术、钻业务、练绝活、提技能的热情。2019年以来，有114名职工荣获"甘肃省技术标兵"称号，有4名职工享受甘肃省高层次专业技术人才津贴。

（四）强化检查考核促动。集团公司职工职业教育培训管理办法，把职业教育培训工作纳入集团公司党委工作目标管理考核、安全生产标准化体系建设要素考核、基层单位党委（总支）书记述职评议考核、中层领导班子和领导人员年度履职及聘期综合考核。以10%的权重与各单位月度安全结构工资挂钩，实行月度检查、季度考核、年度评选，坚持逢查必考、严查严考、以考促学，加强日常检查、动态管控、效果检验，有效提升了培训质量。2020年以来，组织检查41次，抽考各层级人员3772名，督促整改问题2363条，考核扣减安全结构工资1190.91万元，处理考试不合格人员194名；对全员各类证件溯源倒查，处罚伪造证件、有证不持的职工6名。

二、构建"五结合"培训模式，着力增强全员素质提升精准性

（一）坚持"线下+线上"相结合。严格落实党委理论学习中心组、党员"三会一课"、主题党日和职工政治学习、"每日一题"等制度，持续开展党群干部"讲写考"大练兵，每周组织开展党建工作座谈会、企业管理专题讲座、安全生产大讲堂。积极借助网络新媒体，拓展培训载体，丰富学习内容、拓展学习形式、增强学习效果。充分利用"共产党员网""学习强国""甘肃党建"和甘肃干部网络学院等平台，组织党员干部在线学习。在"图说窑煤"微信公众号、"精彩窑煤"抖音（快手）号等平台，推广直播课堂、手机微课堂、视频课堂，把精品课程、绝技绝活、事故案例等录制成教学视频并上传至网络平台进行分享教学。各单位运用"雨课堂"、中安云平台，开展每周一课网络教学和安全培训，随时学、随地学的网络学习有效提高了职工学习兴趣。2021年，95%的在岗职工参加网络答题，在中安云平台完成60学时的职工安全培训。

（二）坚持内部培训与外部培训相结合。助推"技能甘肃"建设，成为全省第一个企业与职业高校共建学院，实施校企融合联合办学的新高地。全力推进全员职业培训，通过强化岗位分级培训、专业技术人员继续教育等，大力提升职工专业技术水平和技能等级。2020年以来，集团公司内部举办各类培训2204期，培训161351人次；基层单位自主培训2064期，参训职工达13.6万人次，职工培训数量三年内增长5倍。每年选派10多名骨干年轻干部到各个省直部门"以干代训"。2021年，在兰州资源环境职业技术大学举办培训班24期，送教到企业举办培训班107期，总计培训10366人次。建立"新八级工"制度，全面推行高技能人才与专业技术人才职业发展贯通，促进了职称、职业资格、技能等级认定的有效衔接，完成第一批次15个主要工种1774名职工的职业技能等级认定晋升考核工作，计划通过持续组织上千场次理论和实操考试，于2023年上半年前完成企业150个工种近万名职工职业技能等级考核认定工作。

（三）坚持理论培训与实操培训相结合。建成了煤矿安全培训模拟实验室、综采机械实验室、"一通三防"实验室、电钳焊工实验室等7个实训基地，新建考试基地1个、综合实训基地1个，为职工学技术、练本领搭建了平台。按照"分项开展、按需培训、注重实操"的原则，各单位依托实训基地、检修车间，每月选定1~2个工种，量身定制培训套餐，开展班组"理论+实操"双培互训、岗位练兵、导师带徒、技术比武等活动，职工队伍技术技能素质不断提升。涌现出全国煤炭技能大师5名、甘肃省技术能手和标兵116名、集团公司技术标兵363名。

（四）坚持积极送出去与主动请进来相结合。以掌握技术、更新知识、开阔思路为重点，搭建校企人才合作平台，有效借助高等院校、专业机构优质教育资源，提升管理人员和业务骨干素质。2020年以来，组织4批168名管理人员前往中国矿业大学、浙江大学脱产培训，组织4批35名生产技术人员赴河北冀中能源峰峰集团公司及下属羊东煤矿、山东能源岱庄煤矿、济宁新河煤矿、滕州市管锦丘煤矿等单位学习先进技术。主动邀请修订国家煤矿安全生产标准化管理体系的专家来集团公司讲座15期，邀请中国矿业大学教授和山东、辽宁等地知名防冲专家来集团公司会诊检查教学，邀请全国运输专业知名专家、厂家专业技术人员来集团公司讲座110多场次。

（五）坚持技能提升与学历提升相结合。2020年以来，集团公司派出39人赴中国矿业大学参加全脱产学历提升班，不断优化管理人员学历结构；在华北科技学院、西安科技大学、兰州资源环境职业技术大学参加学历提升人员达426人。依托兰州资源环境职业技术大学开办各类委托培养、扩招教育、学历提升班等176期，培训区队长、班组长2240多人次，专业人员5700多人次，1000余人取得更高等级学历证书，直接享受到集团公司职业教育培训红利人员多达8129人。职工队伍知识结构正在发生深刻变化，目前在岗职工中大专学历占比18.5%、本科学历占比24.38%、研究生学历占比0.55%，博士学历1人。

三、培育"四型"职工队伍，着力增强全员素质提升实效性

（一）培育安全型职工队伍，推动企业安全发展。认真践行"两个至上"，督导落实安全生产责任制，持续开展安全思想文化主题季、安全生产宣传月、安全生产警示日、"三违"帮教等安全教育活动和党员安全责任区、党员身边"三无"（无隐患、无违章、无事故）等先锋引领活动，"安康杯"竞赛，群监员"查隐患、反三违、堵漏洞"活动，"青安岗在行动"等群众性安全活动，深入开展安全法律法规、安全质量标准化等安全培训，深入推进"人人都是班组长"全员自主管理，大力推行班前会"轮值+六到"（轮值班长，签到、查到、评到、讲到、学到、宣到）模式，切实发挥班前会"四个功能"（把所有的安全风险辨识到位、把所有的工作安排到位、把班前会当成教育培训的平台、把每一名职工的心情调整愉悦），通过轮值让每一名职工具备了班组长工作能力，有效提升了全员安全素质、企业安全管理水平。2020年以来，"三违"人数逐年下降，杜绝了较大及以上人身事故，安全生产形势总体平稳。

（二）培育创新型职工队伍，推动企业创新发展。坚持把创新作为引领发展的第一动力，深入推进创新驱动发展战略，建成7个窑街煤电集团公司级"劳模（技能人才）创新工作室"和1个国家级"张国财劳模（技能大师）工作室"。深入开展技术攻关、开展"五小"科技攻关等活动，与中科院兰州化物所、甘肃省农科院、中国矿业大学、酒钢集团等多家科研院所、高校及企业建立战略合作关系，解决了煤矿开采冲击地压防治、油页岩半焦高值利用、低浓度瓦斯发电等十余项技术难题。生产矿井主要生产系统、机房硐室全部实现自动化控制和无人值守，建成智能化工作面7个，矿井智能化程度和企业信息化水平在全国同行业处于二级中等以上水平。申报自主知识产权61项，授权专利35项，荣获省部级奖项5项，申请省市级项目2项，科技成果转化率达到59.44%。

（三）培育实干型职工队伍，推动企业高效发展。加强形势任务教育，深入开展"三结合、三必讲"活动（各级党组织书记每季度结合经济运行必须讲一次形势、党支部书记每月结合安全生产必须讲一次党课、先进模范人物每半年结合岗位实践必须讲一次创业），有效凝聚了群策群力推动高质量发展的强大合力。深化创先争优先锋引领行动，深入开展党建融入生产经营创建、劳动竞赛等活动，实行党支部和党员积分制管理，教育引导干部、党员在增产增效、降本提效、提质增收、营销创效上扛责任、站排头、作表率、当先锋，带动广大职工群众建功立业。3名职工获得"全国五一劳动奖章"、6名职工获得"甘肃省劳动模范"和"甘肃省五一劳动奖章"荣誉称号，涌现出省政府国资委党委系统优秀基层党组织8个、优秀党员和优秀党务工作者14名。深入开展对标一流管理提升行动，对标同行业先进企业，引导职工全方位开展对标达标创标，大力推进管理体系和管理能力现代化，提高企业管理水平，核心竞争力得到进一步增强。2020年以来，每年超额完成省政府国资委下达的各项目标任务，企业净资产收益率、国有资产保值增值率、成本费用利润率在全国同行业处于领先水平，人均产值提升6.91万元，特别是非煤电主业甩掉了多年亏损的帽子，实现了整体盈利。企业呈现出了利润、全员工效、职工收入逐年增长的可喜局面，被评为全省2020年度工业稳增长先进单位，荣获甘肃省企业推动高质量发展贡献奖。

（四）培育文明型职工队伍，推动企业和谐发展。大力开展全国文明单位创建活动，积极培育和践行社会主义核心价值观，深入实施"人信人守"工程，广泛开展道德讲堂、模范事迹巡回宣讲、志愿服务等活动，引导职工群众见贤思齐、崇德向善，让遵纪守法、诚实守信、重信守诺成为广大职工的日常行为规范和企业参与市场竞争的靓丽名片，矿区治安水平不断提高，职工违纪违法案件持续下降，连续多年没有发生生产要害部位破坏事故、公务车辆交通事故、火灾事故和重大刑事治安事件。大力推进依法治企，深入开展普法宣传教育，引导职工群众以合理合法渠道反映自己的诉求，提升各级管理人员运用法治思维和法治方式深化改革、推动发展、化解矛盾、维护稳定的能力，形成全公司办事依法、遇事找法、解决问题用法、化解矛盾靠法的法治环境。2020年以来，信访维稳工作明显好转，没有发生较大及以上影响群体性事件和集体上访，保持了矿区和谐、职工队伍稳定。

培育高素质干部队伍　推动企业高质量发展

窑街煤电集团有限公司党委组织部 党委工作部

近年来，窑街煤电集团有限公司把干部培训教育工作作为建设高素质干部队伍、推动企业高质量发展的一项基础性、保障性、战略性工程，认真学习对照习近平总书记对国有企业领导人员提出的"二十字"（对党忠诚、勇于创新、治企有方、兴企有为、清正廉洁）要求和新时代好干部标准，深入贯彻落实党中央关于人才工作的决策部署，紧盯全国一流现代能源企业发展目标，紧紧围绕集团公司"十四五"战略规划，坚持"四化"培训，用好"七种"资源，着力在干部培训教育工作的针对性、实效性和制度化上下功夫、见成效。

一、立足现实需要，提升干部培训教育的针对性

集团公司始终把紧扣发展需要、提升素质能力作为干部教育培训工作的根本出发点和落脚点，在加强干部队伍理论武装、党性锻炼的同时，坚持把教育培训与解决发展中的突出矛盾结合起来，紧紧围绕集团公司全员素质提升工程目标，坚持"干什么、学什么，缺什么、补什么"的原则，积极采取"走出去、请进来""线上+线下"相结合等多种形式有针对性地开展培训教育工作。

（一）培训体系制度化。聚焦集团公司人才需求和人才队伍现状，健全完善人才培育机制。制定窑街煤电集团公司《人才培育工程实施方案》《经营管理人才队伍建设实施方案》《管理人员学历提升方案》等制度。每年对干部培训教育作出安排，确立年度干部培训教育工作的方向和重点，明确以集团公司党校为主的内部培训体系、以省委党校和高等学府为主的委托培训体系、以"学习强国""甘肃干部培训网"等为主的网络教育体系，使干部培训工作制度化、规范化。

（二）培训对象类别化。"精准把脉"干部培训需求，突出按干部类别开展专题培训，举办党工部部长、党支部书记、党务骨干、入党积极分子和培养对象专题培训班，宣传干部、组织人事干部、纪检监察、工会、共青团、企业文化、安全管理、财务管理、成本管理、区队班组长等培训班，分层次、分领域"量身定制"培训课程，分级分类实施全员培训。

（三）培训组织严格化。培训前端强调纪律，培训中端严格管理，培训末端考核成效，确保参训人员学有所得、学有所成。对考勤和考试不合格的干部不予发放结业证书，由主管部门和集团公司党校、职业教育中心通报批评，将学习、出勤、考试等情况反馈所在单位，纳入干部平时考核和薪酬考核范围，按照干部管理权限，由集团公司组织人事部门或所在单位作出处理。

（四）培训成果最大化。培训结束后，参加培训干部总结所学，深思所悟，结合工作撰写心得体会，组织开展研讨交流。2020年以来，集团公司组织员工共撰写心得体会近6000篇，并将学习成果汇编成册，既促进了干部学习后总结思考，检验了培训成效，又为其他干部学习提升提供了可借鉴的教材，强化以培促学、以学促用。

二、拓展培训形式，突出干部培训教育的实用性

集团公司把合理开发和有效利用优质培训教育资源作为提升干部培训层次、质量和效果的重要保证，通过培训教育，培养打造一支具有战略思维和先进理念的高层次、复合型干部队伍。

（一）用好主渠道资源。坚持发挥集团公司党校作为干部培训教育的主渠道、主阵地作用，在大力改善党校教学设施和办学条件的同时，积极探索创新培训内容和方式方法。在教学内容上，采用"菜单式"课程设计；在授课方式上，采取多媒体集中授课、专题授课、视频教学、交流研讨、典型案例分析等；在教学方法上，采取启发式、研讨式、案例式教学，配套开展现场教学；在考试考核上，实行教考分离，开发了具有自主知识产权的手提电脑式移动考场。2020年以来，集团公司党校举办主体培训班近30期，培训党员干部800余人次，培训入党积极分子近200人次。

（二）用好外部优质资源。通过与浙江大学、中煤科工集团西安研究院、中国矿业大学、北京科技大学、西安科技大学等国内知名院所进行产学研合作，开办管理人员提升研修班，形成管理人员培训、中青年骨干培训、专业技术人员培训、党员培训教育等多层次、多渠道、全方位的培训体系。运用"集中学+观摩看+研讨悟+闭卷测"相结合的培训模式，选派113名高中层管理人员和13名业务主管赴中国矿业大学集中进行为期22天的脱产培训，选派41名中层优秀年轻干部前往浙江大学进行素质提升培训，组织180余名二级单位党委书记、中层管理人员、优秀年轻干部前往省委党校等高水平学府学习提升，有效拓展提升了干部的理论知识和专业技能，为集团公司高质量发展提供了现代管理、现代技术和人才资源支持。选送优秀经营管理人员参加省级培训，先后选送40多名中层及以上管理人员到省委党校（甘肃行政学院）等院校进行培训学习。

（三）用好专家教授资源。坚持邀请知名专家教授到集团公司辅导授课，开展党的十九大及历次全会精神、政策法规、产业政策等专题辅导。2020年以来，邀请专家教授辅导授课50余场次，参与干部近20000人次。这种层次高、规模大、灵活性强的干部培训新模式，适应了党中央对新时代干部培养工作的学习需求，受到了干部的普遍欢迎。

（四）用好公司内部资源。充分利用公司内部优质资源，开展中层以上管理人员上讲台、党委书记讲管理、党群干部业务能力提升"大讲堂"、党建工作座谈会等活动。2020年以来，开展专题讲座150余场，集中研讨500多次，304名党员领导干部和党支部书记每年为党员讲党课2次以上，每年集中培训教育在职党员1次，培训党员7699人次，培训课时达32学时以上，有效提升了全公司政工干部履职尽责能力，营造了学知识、懂业务、提素质的良好氛围。

（五）用好专业技能人才培养资源。持续开展岗位练兵、技术比武、岗位技能大赛等活动，制定激励政策选树企业技术专家、技能专家，广泛开展"传、帮、带"，签订"双导师带徒协议""师徒合同"，全面推行以"招工即招生、入企即入校、企校双师联合培养"培养方式，培养一批高层次科技创新人才和优秀工程师。2019年以来，共培育培养优秀青年经营管理人才500多名，专业技术人才800多名，业务骨干350多名，企业新型学徒1000多人，500多名职工参加中国矿业大学、西安科技大学、华北科技大学等高校的本科学历提升，进一步激发了全公司上下学习提升专业技术技能的积极性。

（六）用好校企联合办学平台资源。首次在全省实施产教融合项目，与兰州资源环境职业技术大学联合共建煤基产业学院，签订《共建煤基产业学院生产性实践教学基地协议书》《校企共建煤基产业学院合作协议书》，实现了企业职工素质提升由企业和高校一体推进的培训教育新模式。

（七）用好现代化网络教学资源。依托网络载体，深入开展"智慧党建"平台建设和学习。2020年以来，组织参加网络专题培训班8期370人，充分利用"共产党员网""学习强国""甘肃党建"等信息化平台，对2881名党员和167个党支部开展在线学习教育，建立43个党员教育信息化平台，为集团公司干部职工通过互联网在线学习搭建了平台。

三、健全工作机制，实现干部培训教育的制度化

（一）加强组织领导，精心安排部署。把坚持和加强党对国有企业的全面领导贯穿融入干部培训教育工作全过程，将组织人事管理和党员干部培训教育作为贯彻落实党管人才的主要抓手，严格按照集团公司党委高质量发展的意见，紧扣打造高素质党员干部队伍目标，在每年年度党委重点工作、党建工作要点中对干部培训提出具体要求，进行安排部署，严格严谨落实，为做好干部教育培训和人才队伍建设提供了有力保证。

（二）健全工作机制，提升培训质效。结合干部培训教育与人才队伍建设实际，制定印发集团公司《2018—2022年党员干部培训教育工作规划》《2018—2022年年轻干部培养规划》等重要制度，进一步完善集团和二级单位干部培训教育与人才队伍建设工作职责，集团公司党委与20个基层党委（总支、支部）和19个机关部室签订党建工作目标责任书，把组织人事管理、干部选拔任用同党员学习教育作为党建工作重要内容，纳入党建工作目标责任书考核，逐步建立了集团公司党政负总责抓领导、职能部室定目标抓监管、职业教育中心和党校定措施抓落实、二级单位定任务抓配合的良性运行机制。

（三）强化责任担当，形成工作合力。构建企业干部培训教育管理体系，坚持组织人事部门负责管理人员培训教育；人力资源部门负责专业技术人员的培训教育和开发与管理工作；党委工作部门主抓政工人才队伍的培训培养；工会持续深入开展岗位练兵、技术比武等活动，培养选拔技术标兵；团委大力实施青工素质提升计划，培养推进青年职工成长成才；党校和职业教育中心发挥培训教育主渠道作用；各单位、各部门积极配合，共同推动，形成了各司其职、各有侧重、上下联动、相互配合，统筹促进干部培训教育的新格局。

（四）畅通晋升渠道，服务成长成才。建立并推行职务与职级并行制度，构建中层管理人员双向交流、交叉任职机制，真正让想干事、能干事、干成事的有舞台、受重用。2020年以来，择优选拔94名年轻干部走上领导岗位，其中45岁以下中层管理人员46人，35岁以下业务主管48名；岗位交流中层管理人员17批74名，14名业务主管晋升为中层副职级管理人员。树立了"有为者有位"的鲜明用人导向，大力选用敢于负责、勇于担当、善于作为、实绩突出的干部，对脱贫攻坚期间表现特别优秀的2名同志提任为中层管理人员、6名同志提任为业务主管、1名同志聘干，对在疫情防控、脱贫攻坚帮扶工作等急难险重任务中敢于担当、实绩突出的赵国正、石向东、黄周平等8名同志进行表彰奖励。

集团公司坚持以高水平培训教育建设高素质企业管理人才队伍，持续将人才优势转化为发展胜势，人才赋能助力企业深入贯彻"五个转变"发展思路、全面实施"十大行动"，坚定不移奋力推动企业高质量发展。

思想教育引领职工队伍价值取向

窑街煤电集团有限公司党委宣传部

近年来，集团公司党委宣传部坚持以习近平新时代中国特色社会主义思想为指导，紧扣"党管宣传、党管意识形态、党管培训"基本原则不动摇，始终把统一思想共识、凝聚发展合力作为宣传思想文化工作的中心环节不放松，以强化科学理论武装、强化舆论宣传引导、强化精神文化建设"三个抓手"为重点，在全员素质提升工作中始终坚持思想教育、强化价值引领，为全面推动企业高质量发展、加快建设全国一流现代能源企业，提供了有力思想保证、强大精神动力和丰厚道德滋养。

一、强化科学理论武装，引领企业发展的政治方向

坚持不懈用习近平新时代中国特色社会主义思想武装党员干部、教育职工群众，持续推动党的创新理论成果深入人心、落地生根。

一是深化拓展理论学习研讨。集团公司两级党委领导班子充分发挥示范引领作用，认真落实《窑街煤电集团公司党委（总支）理论学习中心组学习制度》《窑街煤电集团公司党委关于进一步加强党员干部政治理论学习的意见》等制度性文件，持之以恒读原著、学原文、悟原理，自党的十九大以来，集团公司两级党委理论学习中心组开展集体学习417次，专题研讨104次，全公司中层以上管理人员紧密结合企业改革发展实际，撰写理论学习心得体会文章1310多篇，党员干部政治能力和政治素质不断提高。集团公司各基层党支部充分运用"三会一课"、主题党日活动、职工政治学习等形式，常态化组织开展政治理论学习，持续推动习近平新时代中国特色主义思想和党中央重大决策部署入脑入心、见行见效。同时，教育引导广大党员干部职工借助专题辅导读本、重点党报党刊和"共产党员网""学习强国""陇原先锋""甘肃党建"等网络学习平台及企业门户网站、自办电视、"图说窑煤"微信公众号、"窑街煤电"内部资料等学习载体,积极主动开展个人自主学习,努力做到真学真懂、真信真用。

二是创新开展理论教育培训。常态化开展专题宣讲辅导、读书班、培训班等多种形式的理论教育培训,特别是集团公司中层以上管理人员主动"下基层""上讲台",带头开展分众化、差异化理论宣讲活动,帮助广大党员干部职工更加系统深入学习领会和理解把握党的创新理论成果和党中央重大决策部署。党的十九大以来,集团公司各级党组织举办理论读书培训班和宣讲报告会1700多场次。准确把握理论教育培训的政治性、思想性要求,充分利用党校理论教育培训"主阵地"作用,持续优化课程设置,把与企业密切相关的安全生产、经营管理、产业发展等方面特别是"三新一高""碳达峰碳中和"、新兴产业、新能源产业等方面政策法规、专业知识纳入理论教育培训,着力提高党员干部政策素养和专业水平;创新教学方式,灵活采取多媒体视频教育、集中面授、交流研讨、典型案例分析、情景模拟等多种教学方式的同时,适时组织开展参观学习、实践锻炼、沉浸体验等教学活动,不断拓宽学员的宏观视野和工作思路,近五年累计举办各类理论教育培训班48期,培训党员1780多人次,党员干部政治素养、思想境界、理论水平和工作能力得到有效提升。

三是持续推动学习成果落地转化。建立完善学习贯彻习近平总书记重要讲话精神和党中央决策部署常态化工作机制,集团公司以及各子分公司层面"第一议题"制度全面覆盖,及时跟进、对标对表学习习近平总书记系列重要讲话和指示批示精神,教育引导广大党员干部在政治上、思想上、行动上始终同以习近平同志为核心的党中央保持高度一致,确保了企业改革发展始终沿着正确政治方向前进。坚持以习近平新时代中国特色社会主义思想为指引,特别是把习近平总书记对甘肃、对国企重要讲话和指示批示精神作为全部工作的统揽和主线,坚决贯彻落实党中央重大决策部署和省委省政府工作要求，引领推动企业党的建设明显加强、经济效益稳定向好、改革动能逐步释放、创新能力明显提升、绿色发展初见成效、职工福祉持续改善，呈现出了快速发展、充满活力、股东受益、客户满意、职工称赞、政府放心的良好局面。

二、强化舆论宣传引导，凝聚团结奋斗的精神力量

认真遵循"构建大宣传格局，引领高质量发展"的原则要求，自觉承担起"举旗帜、聚人心、育新人、兴文化、展形象"的使命任务，坚持用企业战略定位、目标愿景、基本思路、实施路径、重点工作统一思想、凝聚合力，全面展示企业良好形象，为企业高质量发展创造了良好的内外部环境。

一是完善工作机制。认真落实《中国共产党宣传工作条例》，组织召开集团公司宣传工作会议，结合实际制定出台《关于构建"大宣传"格局，加强"大宣传"工作的实施意见》，推动形成了党委统一领导、党政齐抓共管、宣传部门牵头协调、各部门紧密配合、群团组织积极参与，全公司上下协调联动、各部门之间同频共振的横向到边、纵向到底的"大宣传"领导体制和工作机制。着眼宣传思想工作有人管、有人干，积极督促各单位进一步加强宣传工作机构设置和人员配备，各单位充实配备专兼职宣传工作人员79名，并坚持每年举办宣传干部业务培训班，不断提升宣传思想工作人员的综合素质和工作能力。

二是扩大舆论影响。主动适应融媒体发展新形势，不断改进和创新宣传方式、方法，先后上线开通"图说窑煤"微信公众号和"精彩窑煤"抖音快手号，累计吸引粉丝2.45万人，初步形成了"4+3+N"融媒体宣传矩阵。注重从不同侧面、以多种形式强化政策形势任务宣传、企业发展战略宣传、安全生产宣传、先进典型宣传等主题宣传，近五年在内部融媒体平台刊发各类宣传稿件4700多篇，微视频、专题片、电子手翻书、H5等融媒体作品270多部，新闻宣传的时效性、趣味性和感染力、传播力不断增强。充分借助省内外主流媒体平台，讲好窑煤故事、展示窑煤形象，累计在《甘肃日报》《中国煤炭报》、"甘肃卫视"等省级媒体上播发新闻稿件157篇，使上级组织、科研院所、上下游客户对窑街煤电加速转型成长的亮丽"气质"和职工昂扬向上、自信包容的崭新精神面貌有了更全面、更深入的认识和了解。

三是防范舆情风险。压紧压实意识形态工作责任，先后制定《窑街煤电集团公司意识形态工作责任清单》《窑街煤电集团公司舆情风险分析预警和应急处置预案》等8项制度办法，严格落实由各单位分管领导、机关部室、基层支部参与的应急值守、舆情信息报送和分析研判工作机制，充分调动"网军"队伍力量，积极拓宽网上网下信息来源渠道，突出做好重要节点的网络舆情监控和应对处置工作，使集团上下各级党员干部职工在企业改革发展的生产实践中始终保持了团结奋斗的舆情走向和主流导向。

三、强化精神文化建设，夯实成风化人的信念根基

在弘扬传承"自主创新办矿、奉献精神育人"企业精神的基础上，以立德树人、以文化人为目标，结合推进全员素质提升工程，坚持培育和践行社会主义核心价值观，深化群众性精神文明建设，不断提高职工群众的思想觉悟、道德水准、文明素养、企业文化软实力和核心竞争力有效提升。

一是用理想信念凝聚人。围绕爱党爱国爱社会主义主题，紧密结合企业改革发展实际，精心组织开展了"我和我的祖国"群众性主题宣传教育、庆祝中国共产党成立100周年、庆祝建企60周年等系列活动，通过组织开展党内学习教育、主题宣传报道以及群众性文化体育活动，激励引导广大干部职工坚定理想信念、砥砺奋斗品格，更好传承弘扬爱国主义精神、伟大建党精神和企业核心精神文化，永远感党恩、听党话、跟党走，不断激发集团上下加快建设全国一流现代能源企业的坚定信念和奋斗合力。

二是用精神文化塑造人。积极培育和践行社会主义核心价值观，突出"我学习、我践行"、"好样的，窑煤人"主题教育，深化"讲文明、树新风""图说我们的价值观"等公益宣传，常态化开展志愿服务活动，推动社会主义核心价值观融入企业发展、走入职工生活。弘扬传承中华优秀传统文

化，深入开展社会公德、职业道德、家庭美德、个人品德教育，在全公司推动形成了爱国爱家、向上向善的良好道德风尚。积极建塑新时代富有窑街煤电特色的企业文化，推动企业精神文化与企业管理要素深度融合、与职工价值观念高度契合，本着传承和创新相结合的原则，先后创作了企业歌曲《和光明同行》，编纂了《炽热的情怀》《挺拔的脊梁》《难忘的记忆》《永恒的初心》系列文化丛书，并认真总结凝炼《安全文化手册》《企业文化手册》，制作完成了《奋进的脚步》《在党旗指引下前进》专题电视片等企业文化成果。同时，积极建好用好集团公司融媒体各类平台和窑街煤电会议中心、职工文体中心、文化长廊、文化墙等企业文化阵地，切实在潜移默化中将窑街煤电企业使命、企业精神、企业价值观等文化理念，贯穿渗透到了职工群众的灵魂深处和思想行动。

三是用先进典型感染人。坚持以崇尚先进、学习先进、维护先进、关爱先进为导向，统筹运用网上网下宣传媒体，广泛开展"身边正能量、最美窑煤人"系列主题宣传活动和劳模先进事迹巡回宣讲活动，大力弘扬劳模工匠精神，既不忘历史把老一辈窑煤人艰苦创业的感人事迹宣传好，又着眼当前把党建、安全、生产、经营、改革等工作中涌现出的各类先进典型选树好，以身边人讲述身边事、用身边事教育身边人，在全公司引导形成了热爱劳动、崇尚劳模的良好氛围，有效激发了集团上下创新创造、拼搏奉献的干事创业激情。

做"全科医生"　强政治体检

窑街煤电集团有限公司党委巡察办

巡察工作是政治性、政策性、综合性很强的工作，对巡察干部的能力素质要求高。近年来，集团公司党委巡察办认准"发现问题、形成震慑、推动改革、促进发展"的职能定位，把加强培训学习、提高理论水平、做实做足知识储备和能力提升作为重要任务，紧盯巡察重点任务，推进管党治党标本兼治，为促进被巡察单位高质量发展和全员素质提升工作发挥了"助力器"作用。

——"补钙强肌体"，提高巡察政治素质

坚持把政治理论学习放在首位，通过业务培训、集中学习和个人自学等方式，组织巡察干部深入、系统学习习近平新时代中国特色社会主义思想，深学深悟习近平总书记关于巡视工作重要论述，学习中央、省委关于巡视巡察工作的重要制度文件，以及巡视巡察相关政策法规等内容，深刻理解政治巡察的重大意义，增强"四个意识"，坚定"四个自信"，坚决做到"两个维护"，不断提高巡察干部政治站位、政治意识和政治能力，切实推动巡察干部从思想上持续强化敢于担当、敢于巡察的责任意识。

——练就"诊断功"，增强巡察业务能力

坚持日常教育培训和巡察实践锻炼相结合，着力提高巡察干部履职能力、政治把握能力和发现问题的能力。一方面，通过"请进来""走出去"相结合的培训方法，邀请省委巡视专家来集团公司授课，参加省委巡视"火种计划"、省委巡视办业务培训，派员参与省委巡视及省政府国资委巡察等实践锻炼，及时学习掌握最新的巡察理论政策，让巡察干部认清了"为什么巡"，明白了"巡什么"，弄懂了"怎么巡"的问题，进一步提升了巡察队伍的思想认识、政策理论水平、业务能力和发现问题线索的能力。另一方面，通过"实地巡"提质行动，坚持在"学中干""干中学"，根据被巡察单位的职能定位、工作特点、风险大小等情况，加强入驻前巡察组人员培训，采取"常+专"科学分组、"传+带"共享经验、"组+办"联合指导等方式，统筹协调、以老带新、通力配合，丰富巡察人员专业知识，在实战中锻炼、在实践中成长，不断提升精准发现问题的能力。2020以来，共培训巡察人员154人次，其中企业党委巡察工作专题讲座培训120人次、参加省委巡视办组织的业务培训5人次、省委巡视"火种计划"1人次、巡察组人员进驻前培训29人次。

——充实"预备役"，储备巡察人才队伍

牢固树立把政治靠得住、作风过得硬、群众信得过、工作能力强的干部优先选配到巡察队伍中的理念，切实将巡察岗位作为培养锻炼年轻干部的重要平台。2020年以来，党委巡察办协同组织、纪检部门，根据领导能力、政治素质、专业素养、廉洁等情况，建立了巡察组长、巡察骨干及专业人员人才库，把党性强、经验足，善于分析研判的同志选入巡察工作组长库，把各单位、相关部室优秀的党建、纪检、财务、审计、项目建设人员充实到巡察人才库中，建立相对稳定的巡察干部队伍，实现动态化管理，夯实巡察工作力量，为搞好巡察工作提供了人才支撑。目前组长库有13人、干部库有27人、专业人才库有14人。

——把牢"金钟罩"，树好巡察干部形象

坚持在巡察实践中历练作风，持续深化作风建设。通过开展巡察工作承诺、签订巡察工作承诺书，成立巡察工作临时党支部，定期开展党内政治生活，巡察工作领导小组对巡察后评估打分和被巡察单位干部职工填写《党委巡察组作风纪律情况调查问卷》的方式方法，督促巡察人员遵章守纪、认真履行巡察责任和义务，积极接受组织和职工群众监督，促使巡察组干部从日常点滴做起，防止"灯下黑"，确保了巡察期间始终坚持遵守组织纪律、保密纪律、廉洁纪律和工作纪律。2020年以来，通过巡察后评估，巡察干部优秀率达99%。其中有1人被评为省委优秀巡视干部、2人被评为省政府国资委党委优秀巡察干部、6人被评为集团公司党委优秀巡察干部。

——勇做"啄木鸟"，发挥巡察监督作用

始终坚持把精准发现问题作为巡察工作的生命线，坚持以"四个意识"为标杆，以"四个对照"为标准，以"四个紧盯"为监督重点，坚持胸怀"国之大者"，立足"三新一高"要求，以突出问题为导向，围绕"四个落实"查找政治偏差，像"啄木鸟"一样找出被巡察单位党组织领导作用发挥、管党治党政治责任落实、新时代党的组织路线、党组织内部管理情况等工作中存在的问题，把巡察的过程变为业务指导的过程，通过"认真把脉"、"精准点穴"、曝光、亮丑、处分等方式方法，促使被巡察单位相关管理人员深刻查找自身工作中、业务能力上存在的问题和不足，进一步增强了各级班子和党员管理人员的责任意识，有力提升了各级管理人员在业务能力、管理水平及在监督下做好各项工作的综合能力，较好发挥了巡察监督保障执行、促进完善发展作用，为促进集团公司在新发展阶段深化企业改革，贯彻新发展理念、融入新发展格局、推动高质量发展战略部署落地见效，提供了坚强的组织和政治保证。2020年以来，两轮巡察共查出问题440多条，为被巡察单位提出整改意见120多条。

——紧盯"病灶源"，做实巡察整改任务

开展巡察以来，巡察办始终坚持做好巡察整改"后半篇文章"，强化整改责任落实，对照巡察整改工作责任清单和任务清单，积极发挥"同题共答""同频共振""同向发力"作用，把巡察成果体现在整改责任的落实上，体现在职工素质提升上，体现在长效机制的建立上，体现在追责问责的严肃上，不断推动巡察工作成果运用走深走实。同时，坚持举一反三，把巡察整改作为堵塞漏洞、消除短板、提升素质的有效途径，建立长效机制的重要抓手，把解决共性问题、突出问题和完善制度相结合，为职能部室有针对性地开展专项检查提供了依据，增强了工作的实效性，助推了各单位在企业发展的思路、措施上使出真本事，拿出硬招数，促进了企业管理质量与效率的提升。2020年以来，通过巡察各单位整改新建制度141项、修订制度37项，补齐了制度短板，发挥了巡察标本兼治的作用。

当前，集团公司正处在实施"十四五"规划、推进"五个转变"、建设全国一流现代能源企业的重要时期，这对巡察干部和巡察工作提出了更高的要求。"打铁必须自身硬"，巡察办要提高政治站位，胸怀"国之大者"，立足"三新一高"，切实担起责任，不断提高自身综合能力，精细精准履行巡察职责，为推动集团公司高质量发展发挥应有的作用。

固本培元　　强心补脑

窑街煤电集团有限公司纪委综合室

全面从严治党向纵深发展和纪检监察体制改革不断深入的新形势新任务，对纪检监察干部的政治能力、综合素质和专业素养提出了更高要求，也更加凸显了持续深化纪检监察干部素质提升工作的重要性和紧迫性。近年来，集团公司纪委按照中央纪委关于纪检监察干部全员培训的要求，把提升纪检监察干部素质作为建强纪检监察干部队伍的主要抓手，围绕思想境界提升、业务能力提升、实践水平提升，采取多种方式深化教育培训，着力打造新形势下忠诚、干净、担当的纪检监察队伍。

一、坚持固本培元，夯实对党忠诚的思想根基

中央纪委反复强调，各级纪检监察干部要当好党和人民的卫士、战士，做到旗帜鲜明讲政治，不断提高政治站位、政治觉悟、政治能力，充分体现出纪检监察机关坚决践行"两个维护"的高度自觉。集团公司纪委对标中央纪委要求，始终坚持对纪检监察干部培训首先是政治培训的定位，不断强化政治理论根基，永葆纪检监察队伍的纯洁性和先进性。

一是突出党性教育，强化责任担当。集团公司纪委着眼夯实政治理论根基，坚持把提高政治觉悟、政治能力贯穿纪检监察干部素质提升全过程，始终把加强政治学习作为重要抓手，将学习贯彻习近平新时代中国特色社会主义思想摆在最突出位置，坚持用习近平新时代中国特色社会主义思想武装头脑、指导监督执纪工作，在真学真信、常学常新、细照笃行上持续加力。集团公司每期纪检监察干部业务培训班、每次室务会都将习近平总书记在中央纪委历次全会上的重要讲话精神和关于国企改革发展、党的建设重要论述等列为必学内容，不断提高纪检监察干部党性意识和"政治三力"，有效推动了纪检监察干部旗帜鲜明讲政治、攻坚克难敢担当。信访案件的查办需要大量的证据材料支撑，集团公司纪检监察干部本着对党负责、对举报人负责、对被反映人负责的态度，主动放弃公休、加班延点、深入基层、奔赴外地，了解案情、调取材料、固定证据，毫无怨言，从不计个人得失，得到了职工群众的赞许。

二是锤炼政治品格，激发斗争意志。"打铁必须自身硬"，集团公司纪委以"两学一做"学习教育、"不忘初心、牢记使命"主题教育和党史学习教育为契机，将学习贯彻习近平新时代中国特色社会主义思想同学习"四史"相贯通，为纪检监察干部配发专业书籍，督促纪检干部立足岗位自学，不断锤炼和锻造纪检干部过硬的政治素质。认真落实"三会一课"制度，加强政治学习，召开组织生活会，领导干部带头上党课，牢记党的初心，体悟党的使命，引导纪检监察干部深入思考、锤炼党性，增强履职尽责的思想自觉、行动自觉。利用主题党日活动组织纪检监察干部到红古区党史馆、红色教育基地接受革命传统教育，使全体纪检监察干部涵养斗争精神、增强斗争勇气、提高斗争艺术，在立根铸魂、固本培元的思想淬炼中强化政治素质。

三是注重警示教育，筑牢廉洁防线。定期组织纪检监察干部认真学习全国纪检监察系统违纪违法典型剖析案例，以案说法、以案释纪，让纪检监察干部以最直观的方式接受最深刻的教育，通过对准镜鉴、高度警醒，引以为戒、汲取教训、举一反三、防微杜渐，不断从反面典型中认清理想信念滑坡的严重危害，认清违反纪律规矩的严重危害，认清放松自身修养的严重危害，受警醒、明底线、知敬畏，时刻保持清醒头脑，时刻保持如临深渊、如履薄冰的谨慎，远离"围猎"之祸，严防"灯下黑"。把加强企业新时代廉洁文化建设作为一体推进不敢腐、不能腐、不想腐的基础性工程，制定了集团公司《关于加强新时代企业廉洁文化建设实施方案》，督促各级党委将党的十九大、十九届历次全会精神和习近平总书记关于党风廉政建设、廉洁文化建设的重要论述，纳入理论学习中心组和党支部党员教育学习计划，常态化组织学习，持续强化党员的党纪党规意识、廉洁从业意识，使崇廉尚洁成为企业的文化形象，诚实守信成为企业发展的经营理念，严于律己成为各级管理人员的自觉行动，爱岗敬业成为全体职工的道德要求。近五年来，集团公司两级组织共开展警示教育210场次，6350名干部职工接受教育，1688名重点岗位人员结合思想、作风和岗位职责，查找了廉洁风险点，针对风险点作出了廉洁承诺。通过警示教育，广大党员干部在思想上受到了强烈洗礼和震撼，心灵得到了洗涤和净化，对腐败行为的严重危害有了更深切的感受和认识。集团公司干部队伍时刻以身作则、严于律己，严守纪律红线，筑牢廉洁防线。同时，集团公司纪委不定期对受处分人员开展回访教育，与受处分干部单位领导交换意见，与受处分人员交心谈心，共同分析犯错原因，引导其正确看待组织处理，消除不良情绪。让受处分人员感受到组织的关心和爱护，切身体会到组织的回访和教育是对自己的深切关怀，切实转变了原来的一些错误意识，更加注重提升党性修养和纪律意识，积极转变心态，全身心投入到工作中，产生了对广大党员干部教育的综合效应。

二、坚持锤炼专业素养，打牢履职尽责的基本功底

纪检监察工作具有很强的政治性、政策性、专业性，坚实的专业素养和扎实的基本功是做好纪检监察工作的最基本要求。高质量做好纪检监察工作，必须推动纪检监察干部夯实纪法业务基础，锤炼过硬专业素养。

一是坚持内部培训，以学促能。近年来，集团公司纪委围绕纪检监察体制改革后新的执纪要求、工作规则和业务流程，结合进入新发展阶段、贯彻新发展理念、构建新发展格局、推动高质量发展的要求，以应知应会基础知识为重点，结合学好用好《中国共产党纪律检查机关监督执纪工作规则》《中国共产党纪律检查委员会工作条例》等党纪党规，公职人员政务处分法、监察法等法律法规，每年对全公司纪检监察干部有针对性地补短板、强弱项，加强监督检查、审查调查、案件审理等业务知识的学习培训。积极拓展学习的深度和广度，认真组织课堂讨论，让纪检监察干部结合工作实践，以身边事例讲述工作中如何用好政策及法规，起到相互启发、形成共鸣的效果；注重做好课堂答疑，收集整理纪检监察干部在工作实践中遇到的问题，授课过程中及时解疑释惑，不断增强纪检监察干部在政治、纪法、程序、证据等方面的意识、素养和能力。近五年，集团公司纪委共举办业务培训班4期81人次，夯实了纪检监察干部履职尽责基本功，确保了思想观念跟得上、知识结构跟得上、行动能力跟得上。集团公司两级纪委聚焦主责主业，严格执行日常监督工作清单，紧盯"三重一大"决策制度执行、选人用人、物资供应、设备采购、工程建设、产品销售、业务招待、财务报销、薪酬分配等重点领域及职工群众身边的"微腐败"问题开展19次专项监督检查和调研督导，先后制发纪律检查建议书4份、纪检监察建议书1份，通过监督提醒，不断纠治偏差、不断规范权力运行、不断强化廉洁风险防控、不断防范化解重大风险，以问题为导向，监督促进制度建设，织密制度的笼子，推进了集团公司各项工作健康平稳有序开展。

二是积极派出培训，以学提能。在做好自主内部培训的基础上，采取送出去学的方式，积极选派纪检监察干部参加省纪委举办的各类业务培训班和"以干代训"，提升纪检监察干部素质。近五年来，集团公司纪委先后选派38人次参加中纪委、省纪委举办的培训班；选派7人参加省纪委"以干代训"；选派3人参加省委巡视和省国资委巡察；选派3人参加中国矿业大学、浙江大学学习培训。通过不同形式高规格、高层次的学习培训，纪检监察干部视野进一步拓宽、观念进一步转变、能力水平进一步提高。选派参加"以干代训"和巡视巡察的纪检监察干部，以扎实的工作作风和认真负责的工作态度，得到了省纪委、省委巡视办的肯定和认可，有2名同志被多次点名借调到省纪委和省委巡视办。

三是创新培训方式，以学赋能。针对不同纪检监察干部差异化需求，分批次、分模块组织参加全省纪检监察干部基础业务培训班，不断深化全员培训，快速提高业务能力。针对疫情防控常态化新形势，充分运用中央纪委国家监委制作的业务培训光盘、中央纪委网站"在线培训专栏"、国务院国资委干部教育培训系统和甘肃省纪检监察网站"线上培训"平台开展培训，使纪检监察干部在"家门口"就可以学习中央纪委国家监委、省纪委监委领导同志和专家学者讲授的权威优质课程，放大了培训效应，全员培训的实效性得到很大提升。

三、坚持突出实战练兵，练就善于作为的过硬本领

纪检监察工作是一项实践性很强的工作，必须注重实践锻炼和专业训练。这也给全员培训创新理念思路、方式方法提出了更高的要求。近年来，集团公司纪委深化打造实战练兵平台，针对部分纪检监察干部缺乏监督执纪问责经验等问题，以实战练兵助推能力提升。

一是开展模拟培训，提高精准履职能力。紧密结合工作实际设置培训内容，模拟信访件处置流程，将理论知识、法规制度等融入生动具体的案例中，把培训课堂变成"工作现场"，以实战练兵提升培训质效，引导纪检监察干部逐层深入、抽丝剥茧，将盲点主动暴露出来，不断强化对知识点的理解记忆，学深学透中央纪委国家监委最新工作理念和规定要求，掌握开展工作的新招实招，当好履职尽责的"全科医生"。近五年，集团公司纪委累计接收信访举报件156件次，处置113件次，其中谈话函询16件次，初步核实76件次，立案审查调查15件，处理57人，处分25人，其中给予开除党籍、解除劳动合同等重处分8人次，党内警告等轻处分17人次，追缴违纪所得25156元。查办的113件次信访件经受住了甘肃省纪委监委的抽查和甘肃省委巡视的检查，未发生过一起申诉，起到了让铁规发力、让禁令生威的震慑作用。

二是开展以案促学，提高执纪办案能力。随着集团公司全面从严治党和反腐败斗争纵深推进，党员干部和职工参与反腐败斗争积极性增强，主动参与监督的意识不断提升，集团公司收到的信访举报件也在不断增多。针对二级单位纪委审查手段少、案卷文书不规范、业务不熟悉、办案实战经验不足等问题，集团公司纪委着眼学用结合、以学促用、学用相长，采取开展内部问题线索处置评查、案卷成卷标准化评比的方式，总结分析问题线索处置中的好经验，弥补短板弱项，规范处置程序。随着纪检监察干部办案能力的不断增强，问题线索成案率由原来每年最多1件，提升到2022年1—8月9件，使集团公司纪委公信力持续提升，广大干部职工对集团公司全面从严治党的信任度和期望值也进一步提高。集团公司纪委在2021年度全省国有企业纪检监察机构考核中被省纪委监委评为优秀。

三是开展研讨交流，提高业务学习能力。为适应纪检监察体制改革"形"的重塑、"神"的重铸的新形势新任务新要求，制定了《窑街煤电集团公司2020—2023年纪检监察干部队伍建设规划》，大力弘扬理论联系实际的学风，为纪检监察干部提供上讲台、讲业务锻炼机会和展示平台，积极开展研讨交流，让纪检监察干部在集中讨论中碰撞思想、交流心得，在对标对表中找准方向、明确思路、提出措施，进一步增强法治意识、程序意识、证据意识。每年定期组织开展纪检监察业务应知应会知识测试，把推动学测同步、以考促学、以讲促学作为考核学习效果的常态化形式，不断培养纪检监察干部综合素质和业务能力。近年来，纪检监察干部上讲台谈心得、讲业务36人次，组织全公司纪检监察干部业务知识测试5场次124人次，集团层面的纪检监察干部在全省纪检监察系统业务知识测试中成绩全部96分以上，营造了比、学、赶、超的浓厚氛围。

初心铸就伟业，使命引领征程。新时代新征程上，集团公司纪委将继续坚持把全员素质提升工作作为纪检监察系统战略性重塑的重要举措，加强统筹谋划，创新理念思路，以高质量培训锤炼过硬政治素质、练就高强专业本领，着力锻造一支高素质专业化纪检监察干部队伍，奋力书写全面从严治党、党风廉政建设和反腐败斗争新篇章，为集团公司实现全国一流现代能源企业建设目标保驾护航。

落实"两个至上" 做实安全培训

窑街煤电集团有限公司安全监察管理部

集团公司安全监察管理部始终贯彻落实"安全第一、预防为主、综合治理"安全生产方针和"管理、装备、系统、素质"并重原则，坚持从"人、机、环、管"四个方面消除隐患，把风险挺在隐患前、把隐患挺在事故前、把事故消灭在萌芽中，特别对"人"的不安全思想和不安全行为管控采取了一系列措施，不断强化安全培训教育，教育引导职工按章作业，逐步纠正了职工的不安全思想和作业过程中的不安全行为。2019—2021年末，全公司"三违"人数由3483人次降至2511人次，下降27.9%；受伤人数由7人降至2人，下降71.43%；矿井百万吨死亡率由0.46%降至0.17%，下降63.04%；尤其是2020年全公司未发生受伤和死亡事故，实现了建企62年以来首次"零死亡"的历史最好成绩。

一、提高政治站位，把安全培训体现到安全发展上

习近平总书记站在实现好、维护好、发展好人民根本利益的高度，多次对企业安全生产作出重要指示批示，先后提出了"人民至上、生命至上"、"发展决不能以牺牲安全为代价"等安全发展理念，坚持、丰富和发展了马克思主义人民观。集团公司安全监察管理部始终把认真学习贯彻落实习近平总书记关于安全生产的重要批示指示精神作为重要政治任务，把保护职工生命安全和身体不受伤害、保证企业安全生产、保障职工职业卫生健康作为头等大事，当作职工最大的福利，以全员素质提升为主线推动企业安全发展。坚持每年年初组织召开集团公司安全工作会议，总结安全工作等方面好经验好做法，确定安全培训工作的指导思想和总体目标，重点在培训工作的针对性、适用性和实效性上下功夫，推动职工素质提升科学化、制度化、规范化、常态化，严格落实安全培训月检查、月考核、月通报制度；坚持每月召开安全生产办公会议，协调解决职工安全教育培训方面存在的问题；坚持"干什么、学什么，缺什么、补什么"原则，结合集团公司实际，制定《窑街煤电集团有限公司安全培训工作计划》，明确培训目标、内容，实现了员工转岗、请假复岗、"三违"人员培训合格率100%的刚性目标，为企业安全发展奠定了基础。

二、落实主体责任，把安全培训体现到责任落实上

加强组织领导，抓住安全培训的"根本点"。始终坚持"党管培训"原则，把安全培训工作纳入各级党组织重要议事日程、纳入党建工作目标管理、纳入中层管理人员年度述职。修订完善安全培训职责，明确安全培训的主管领导和责任部门；以目标为导向，狠抓过程管控，做到了安全培训"三同时"（与其他工作同规划、同部署、同落实），形成了"党委组织领导、分管领导主抓、主管部门负责、责任单位实施"的四级安全培训教育体系，为抓好职工安全培训提供了组织保证。

注重实效管理，做实安全培训的"关键点"。一是建好培训阵地。以提升职工实操技能为目的，加大职工安全教育培训实操基地建设，建成了煤矿安全培训模拟实验室、综采机械实验室、"一通三防"实验室、电钳焊工实验室等7个实训基地，涉及13个主体专业26个主要工种，三矿张国财工作室被评为国家级技能大师工作室。二是建强师资队伍。始终把师资队伍作为职工安全培训的软实力，建成了以职业教育中心专职培训教师和各单位技能大师、技术专家、中高级技师兼职培训教师等为主的"1+N"职工安全教育培训师资队伍体系，现有专职教师43人，兼职教师240人。三是健全管理制度。坚持把制度建设作为强化职工安全教育培训的基础，先后修订完善窑街煤电集团公司《职工素质提升3—5年规划》《安全培训管理办法》《"人人都是班组长"全员自主管理模式考核管理办法》等20多项制度，建立了职工安全教育培训制度体系，为加强职工安全教育培训工作提供了制度保证。

三、加强基础管理，把安全培训体现到素质提升上

在全员参与上精准施教。以"人人都是班组长"为抓手，召开班前小会、班前会、班后会，大力推行班前会"轮值+六到"（轮值班长，签到、查到、评到、讲到、学到、宣到）模式，发挥了班前会"四项功能"（即：把所有的安全风险辨识到位、把所有的工作安排到位、把班前会当成教育培训的平台、把每一名职工的心情调整愉悦），使"人人都是班组长"全员自主管理逐步成了企业安全管理的文化品牌；积极落实新入职工人岗前安全培训教育和轮岗职工安全培训、新工人签订师徒合同和师带徒工作制度，让每一名职工熟练掌握岗位必备安全生产知识技能。

在培训模式上探索创新。大力实施"21+1"培训、实训操作、逢查必考、教考分离以及利用网络视频讲座、"雨课堂"等新媒介，建立集研讨、体验、案例为一体的"课堂+现场"培训模式，增强了安全培训的可操作性；邀请国内、行业知名专家和组织集团公司中层管理人员围绕《安全生产法》、安全生产标准化管理体系等进行专题讲座，2020年以来组织各类专题讲座110多场次，进一步增强了职工安全教育培训的多样性和趣味性；积极推行安检员竞聘上岗和考核淘汰机制，将风险管控、排查隐患、反"三违"、工作质效等与安检员月度考核、季度测评、年度淘汰挂钩，有效提升了安检队伍整体素质。

在考核激励上奖罚结合。坚持"五纳入"考核机制，把职工安全培训工作纳入安全管理体系建设要素、党建工作责任目标、基层单位党委（总支）书记述职评议、中层领导班子和领导人员年度履职考核的工作机制；充分发挥安全结构工资的考核激励作用，将职工教育培训与10%安全结构工资挂钩考核，每月进行考核兑现；实施证书收购制，对职工通过各类渠道取得的专业技能证书、学历证书、各类注册证书一次性奖励，并对相关费用进行收购，激发了全员参与学习的积极性和主动性。

四、坚持多措并举，把安全培训体现到日常管理上

加强日常培训管理。开展以隐患收购、"三违"举报奖励为主的正向激励措施，鼓励全员参与隐患收购和举报"三违"，让每一名职工成为安全管理主体。2020年至今，职工查隐患并收购244386条，奖励495.62万元，举报"三违"374人次、奖励7.21万元。改变传统检查方式方法，充分应用新技术、新手段、新设备，开展查视频、反"三违"，帮助职工纠正不安全行为。在各级管理人员手机、电脑上安装视频监控系统，在各作业区域、关键地点、重要地段安装视频监控988套，为安检员等关键人员配备智能矿灯1775套，在井口等处配备酒精检测仪11台、血压仪102台，实现了管理手段由静态向动态转变。对一般"三违"人员进行"帮教培训"；对严重、重大"三违"人员开展脱产教育培训，严格落实过"八关""九流程"治理"三违"管理制度，集团公司"三违"人数逐年下降，最高下降率达27.9%。

加强技术技能培训。依托生产车间、作业现场、多功能电教室、实训基地，按照全员参与、分类施教、按需培训、讲求实效原则，有计划、有组织地开展各项专业技能培训和技术革新、科技攻关、岗位技术练兵、技术比武等活动，发扬工匠和优秀技能人才敬业、精益、专注、创新精神，辐射感染，引领带动，提升职工技术技能水平和培训实效。

加强专题教育培训。一是建立健全突发事件应急避险培训机制。制定应急培训计划，对职工进行岗位应知应会、自救互救、安全防护等应急避险安全培训，教育引导广大职工依法从事生产劳动，提升了职工安全风险辨识、按章操作、规范作业的能力。二是组织开展事故案例警示教育。血的教训让人悔恨，泪的警示让人警醒。每一个生命的凋零，每一个幸福的家庭瞬间破碎，每一声家属的撕心裂肺哭喊，给我们的内心造成了永远无法愈合的伤痛。集团公司安全监察管理部坚持定期不定期组织开展事故案例警示教育活动，以案为鉴、以案促改，把每一起事故作为一面镜子、一次教训、一记警钟，用事故案例教育人、警示人、提升人，警醒大家深刻认识事故成本之

高、代价之大、危害之深，鞭策大家以极端负责的态度、科学周密的措施、务实严谨的作风坚决打好安全生存保卫战。2022年，集团公司将每年的5月24日设立为企业安全生产警示日，使全体干部职工时刻保持如履薄冰、如临深渊的高度警觉，进一步增强全员抓安全的责任感和使命感。三是抓实安全风险分级管控、事故隐患排查治理、防突防治水专项培训。按照风险不同级别、所需管控资源、管控能力、管控措施复杂及难易程度等因素开展不同管控层级风险管控培训，提高风险管控方法和手段，弥补管理缺陷，提高防突、防治水工作技能和有效处置应急能力。2020年至2022年8月，开展了事故警示教育、应急处置、安全风险分级管控和隐患排查治理等培训240多场次，全力引导广大干部职工强管理、抓安全、促生产，推动企业朝着建设全国最安全、最高效现代能源企业的奋斗目标奋勇前进。

安全是煤矿生产永恒的主题，安全培训教育永无止境。集团公司安全监察部将牢固树立"两个至上"理念，坚持"双零"目标，从人的不安全行为和物的不安全状态入手，加大职工安全意识和实操培训力度，为集团公司安全高效发展作出应有的贡献。

专业技术进步支撑矿井智慧化

窑街煤电集团有限公司生产技术部

窑街煤电集团公司实现"十四五"发展战略目标，打造全国一流现代能源企业，必须要从"全员学习"入手，从"培训教育"出发。作为集团公司2021年度职工培训和素质提升先进部门的生产技术部，近年来紧紧围绕企业"十四五"人才强企战略目标，全力构建素质提升工作"一盘棋"工作思路，立足现有人才队伍，创新人才发展理念，抓住发展"第一资源"，唱好"人才强企"和声，坚持以提升专业技术管理能力为切入点，以安全生产标准化管理体系为突破口，在真培实训、精培善训上下功夫，引领各类专业技术人员钻研行业高、精、尖技术，着力打造业务精、能力强、作风好的高素质职工队伍，助推了企业由"求生存"迈向"谋发展"的转变，为集团公司持续高质量发展注入了强劲的技术保障和人才动力。

一、求真务实，着力在专业技术培训上求实效

只有培养一流的团队，才能打造一流的企业。集团公司生产技术部注重从专业角度开展业务技能提升培训，达到了以培训促提升、以学习练队伍的目的。

（一）注重锚网支护理论知识培训提升素质。一是做到常态培训不打折扣。每年组织1次煤矿煤巷锚网支护技术专题培训班，对各矿工作人员进行专题培训，从巷道支护概述、技术理论、树脂锚杆锚网支护技术、存在问题分析和技术组织管理等方面，理论结合实际进行详细讲解，进一步提升各矿管理人员和现场操作人员的理论知识及实操水平，加强锚网支护管理工作，提高了锚网支护整体水平。二是依据制度培训不留死角。结合企业实际，修订《窑街煤电集团有限公司锚网支护管理规定》，及时对两级锚网支护管理人员、技术负责人员、业务管理人员及掘进技术人员等进行锚网支护技术专题培训，使每个人从锚网支护设计到现场施工、工程质量验收各个环节，对锚杆、锚索的几何参数、力学参数、施工参数、验收参数、支护监测等规定熟记于心，并严格落实在工作面现场，保证了巷道质量。

（二）注重冲击地压防治技术培训提升素质。一是掌握防冲理论知识。2021年先后多次邀请高校教授、防冲专家对集团公司防冲技术管理人员、防冲设备操作员、采掘队队长及班组长进行冲击地压防治技术管理专项培训，讲解监测原理、预警程序、能量微分算法，分析存在的问题，了解国内最新冲击地压防治技术和近几年防冲技术发展变化和关键防治技术，探讨适合集团公司矿井防治的解决方案。二是开展防冲技术会诊。2021年10月份，邀请山东、辽宁等地知名防冲专家到各矿进行全面会诊检查教学，直击现场问题，提出改进方案。通过专家培训和会诊，使防冲理论知识与实践紧密结合，通过深入基层解决实践问题，剖析各矿防冲急难繁问题，共同探讨提出解决方案，特别是海石湾煤矿采空区大面积悬顶问题，通过中国矿大团队的协助，提出降载减震方案；专家的讲座打开了防冲管理人员的思路，对冲击地压成因以及防治方法有了更加深刻的理解，防冲设计更加体系化，思考角度更加全面。通过消化吸收，站在别人的肩膀上，创建了海窑矿区防突防冲"双防"技术管理体系，现已形成"保护层开采，防冲又防突""一孔多用，多措并举""钻屑与电磁地音相互配合、相互印证、联合效果检验"的成熟技术。三是取得治理成效。集团公司与中国矿业大学、煤科总院等名校、科研院所交流合作，开展冲击地压诱冲理论分析、降载减冲区域防范治理、防冲支护技术科研攻关，探明了海窑矿区急倾斜夹持型冲击机理、顶板旋转垮落式冲击原理及高强度顶板弹射冲击矿震等科学理论；进一步对采掘作业区出现的大能量震动事件剖析原因、准确研判、完善措施，将近距离大能量集中释放转化为远距离小能量分散释放，采掘工作面40米范围内杜绝了104J及以上能量事件，实现了"零冲击"目标；通过强企联手，最终的研究成果——集团公司急倾斜特厚煤层降载减冲技术研究获国家安全生产协会嘉奖和赞誉，窑街矿区特厚煤层防冲技术研究获中国职业安全健康协会表彰宣传，煤矿冲击地压灾害风险判识与预警平台研发获得甘肃省兰州市科技局上百万元资金奖励支持。

（三）注重技术创新降本增效提升素质。针对《国家煤矿安监局关于加强煤矿冲击地压防治工作的通知》中关于"冲击地压矿井必须采用全长或加长锚固"的要求，与金凯公司相关人员，在现冲击地压矿井煤巷锚杆锚固长度已属加长锚固的基础上，对锚固长度加长工作及锚杆打注时存在的问题进行分析研究，探索最大可能的加长锚固长度、提高锚固率技术，在井下现场经过反复试验，最终发明了矿用锚杆索加长锚锚固剂，并由国家知识产权局确认了发明创造专利。该专利成果较好地解决了集团公司窑街地区三对冲击地压矿井煤巷增加锚固长度、提高巷道支护质量、夯实煤巷安全基础、提高防冲抗灾能力的技术难题，有效提升了冲击地压矿井防冲及抗灾能力，对集团公司的安全生产工作起到了积极促进作用。该技术的应用使锚网支护巷道变形量比原来有明显减小，巷道维修量相应减少，巷道服务年限延长，每年维修费用节约达86.3万元。

（四）注重地测防治水技术培训提升素质。一是对集团公司及各矿地质、测量、防治水专业技术人员进行轮训，先后举办测绘学基础专项培训、矿井地质专业技术人员培养、煤矿防治水专题培训，使地测工作充分发挥出自身的作用和价值，从而提升了各生产矿专业技术人员在煤矿地质工作中的质量和水平，保证从业人员熟练掌握有关安全生产规章制度和安全操作规程，掌握本岗位安全操作技能，严格落实防治水"三专两探一撤"措施，严格执行老空水防治"四步工作法"（查全、探清、放净、验准），执行水患区域"四线"管理（积水线、警戒线、探水线、停采线）。督促地质专业技术人员学习《矿产资源法》《矿产资源开采登记管理办法》等有关法规制度，及时熟悉、掌握矿产资源勘查、开发利用、矿业权设置及接续资源配置，及时高效办理矿业权新立、延续、变更等登记手续，确保集团公司各类矿井(生产矿井、新建矿井、筹建矿井、资源配置)依法办矿，保障矿业权的安全，实现企业可持续高质量发展。二是D2000无人机航测系统在测绘工作中的使用，具有测量范围广、地形全覆盖等优势。一方面，使测绘工作的工作效率得到了极大的提升，大幅降低人员作业强度。2020年11月，集团公司生产技术部对天宝公司北部开发区、天宝公司工业广场以及南部生活区采用无人机航测技术进行测绘，测绘面积达到27平方公里，4名测量人员21天完成了全部外业工作；而之前的2020年7月，集团公司生产技术部对天宝公司工业广场的排土场及采坑采用传统的RTK测绘技术进行测绘，测绘面积2.1平方公里，9名测量人员历时27天才完成。在天宝公司两次测绘中，实现了在相同的时间里，无人机航测技术的作业面积是传统测绘技术作业面积的10倍还多，同时作业人员也减少了50%，有效提高了工作效率。另一方面，在很多地形条件较为复杂的地区，山体坡度较大，采用传统测量技术进行测绘时，很多区域测量人员无法到达，产生测量的盲区，降低测绘结果的精度，若强行进入，会对测量人员的安全产生较大的威胁，形成安全隐患。2021年7月，对海石湾煤矿洗煤厂区域地形采用无人机航测技术进行测绘，4名测量人员仅用时2天就完成了2.2平方公里测绘工作，有效避免了上述问题的发生，在提高工作效率的同时，也提高了测绘人员工作的安全系数。

二、严格标准，着力在标准化管理体系上务实功

制度建设是规范管理的有效手段，是企业赖以发展的体制基础。集团公司生产技术部坚持"对标培训、统一标准、严格程序、规范作业"的原则，精准把握标准要点，抓好规范大关，通过多种途径培养造就一批知标准、懂标准、用标准的职工队伍，努力推动企业从劳动密集型向知识、技术密集型的华丽转身。

（一）注重对标学习，学以致用。2017版《煤矿安全生产标准化基本要求及评分方法（试行）》实施后，集团公司高度重视，狠抓风险分级管控、隐患排查治理、安全质量达标"三位一体"安全生产标准化体系建设，集团公司领导带头上讲台授课，通过举办专题讲座、外出学习取经等方式开展学习交流，营造了全员知新标准、学新标准、论新标准、用新标准的良好氛围。当年9月，新标准实施仅2个月，省内其他矿井还处在全面学习阶段时，集团公司各矿已转入等级申报阶段，比省局规定的时间提前了3个月，顺利通过了由国家煤监局组织的专家组验收，最终三矿被评为安全生产标准化一级矿井，成为甘肃第一批一级安全生产标准化矿井，为企业当前安全生产标准化工作打好了基础。

（二）注重专家指导，领会标准。2020版《煤矿安全生产标准化管理体系基本要求及评分方法（试行）》发布后，集团公司提前一个季度采用标准化管理体系对标对表检查验收，先后邀请9名执笔或参与国家标准化修订的专家来集团公司授课，围绕《煤矿重大事故隐患判定标准》《煤矿安全生产标准化管理体系基本要求及评分方法》等内容，先后举办安全生产标准化管理体系系列讲座15期，共参加人数约2200人次。通过授课专家对标准全面、细致、原汁原味的解读，进一步实现了各级管理人员和职工更加深入领会标准、执行标准，做到入脑、入心、入行，切实把标准体系落实到班组、岗位，有效促进了企业安全生产标准化管理体系建设工作，海石湾煤矿、天祝煤业公司保持了煤矿安全生产标准化管理体系一级矿井。

三、按需施教，着力在灵活培训方式上出实招

集团公司生产技术部从建设一支符合企业发展要求的知识型、技能型、创新型职工队伍的高度出发，本着"实际、实用、实效"的原则，依托法规制度、网络培训、考察交流等大力开展全方位、多层次、广渠道的教育培训工作，切实把每一名职工培养成为高素质型技术技能人才，为企业安全高效发展提供了坚实的人才支撑。

（一）因材施教，精选培训内容。根据不同教育培训对象确定培训内容，坚持"干什么学什么，缺什么补什么"的原则，对管理人员注重管理素质的培养，对作业人员注重操作技能的提高，保证学有所获、学有所用，增强培训教育的针对性。加强对《安全生产法》《煤矿安全生产标准化管理体系基本要求及评分办法》《煤矿重大事故隐患判定标准》《操作规程》和"一规程四细则"等安全法律法规和标准规范的学习掌握，确保自己所干事项及过程符合国家法律法规要求，不触及有关安全、质量、廉洁及道德等"红线"，强化各级管理人员"知标准、懂标准、用标准"能力，切实提高安全管控能力。

（二）网络学习，灵活培训方式。自2020年遭遇疫情以来，集团公司各矿利用"雨课堂"小程序进行专业"一周一课，一日一题"学习，搭建"云控智慧矿山"学习平台，进行"线上培训，线上考试"、分散隔离学习、单人单机培训、线下实操与线上学考结合的新型教学模式。借助"中安云教育"软件，对安全管理人员进行视频授课，对顺利考试拿证起到了举足轻重的作用，同时也为疫情管控下的培训工作开辟了一条新的渠道。

（三）实地考察，提升培训效果。随着新技术、新工艺、新设备、新材料及自动化、信息化、智能化、物联网技术在煤矿企业的应用，面对各级管理人员和现场作业人员对高新技术表现出来的明显的不适应，集团公司先后组织生产技术人员赴河北冀中能源峰峰集团公司、山东能源岱庄煤矿、滕州市锦丘煤矿等单位，针对中国矿大充填开采外添加剂——贝福剂的使用情况、经济效益、地表沉陷、充填工艺、设备管理、运营模式等进行了学习考察。通过实地学习考察，了解掌握了同行业单位有关充填开采的成功经验、充填方法和工艺的选择、贝福剂的使用情况等资料，将成功经验、先进技术带回集团公司，为三矿膏体充填开采项目提出了具体的参考意见和建议，加快了该项目的推进实施。

目标是发展的动力源泉。加快智慧矿山建设、走向全国行业一流企业，没有坦途捷径，只有依靠持续学习、持续提升，才能走向未来。集团公司生产技术部将继续准确把握新时代的发展要求和历史赋予的使命，立足特点、聚焦重点、打造亮点，继续把全员素质提升工作作为战略性、全局性、基础性工作来抓，全方位做好职工提"质"加"素"工作，聚合各方力量，聚集制度措施，真正成为集团公司全员素质提升的带头人，推动素质提升工作取得新突破、再上新台阶，实现集团公司职工队伍建设的新发展、新跨越。

强化培训提素质 建设一流通防团队

窑街煤电集团有限公司通风防火部

"一通三防"工作是煤炭企业安全生产的重中之重。通风防火部作为窑街煤电集团有限公司扼守"一通三防"关口的责任主体，近年来致力于建设一支责任心强、业务精通、作风过硬的专业队伍。

一、开展警示教育，责任意识更强烈

近年来，集团公司通风防火部始终树立"瓦斯不治，矿无宁日"的瓦斯治理理念，从各生产矿通风防火人员思想教育入手，打造作风过硬的通风防火队伍。

坚持以习近平总书记"两个至上"的理念为指导，紧紧围绕集团公司矿井灾害治理三年行动，持之以恒把精力放在预防大事故、治理大灾害、攻克大难关上，强化使命意识和责任意识，压实各级管理人员责任，分层次开展警示教育。充分利用集团公司每月一次的安全警示教育会，分析事故案例，讲解预防措施，有效防止同类事故发生。在各生产矿开展每月一次的事故案例分析会，对发生在本单位的事故及可能造成事故的违章行为进行剖析，发现存在的习惯性违章和易被忽视的隐患，纳入生产矿安全培训内容，对违章人员及通风防火工作人员办培训班。结合发生在集团公司的特大事故，开展大范围的警示教育。特别是在2022年5月开展的"5·24"警示教育活动，让事故幸存者现身说法，让参会职工心灵受到强烈震撼。在各生产区队开展违章人员现身说法活动，用身边的事教育身边的人，让每一次事故、每一次违章成为矿工的警醒剂，起到了"违章一人教育一片"的作用。同时，按照全员"文化素质+管理"培训模式，加大一线管理人员、通风防火区队长、班组长以及瓦检员、防突员等"关键人物"和"重点岗位"人员培训力度，实行

"谁管理谁培训"的责任追究倒查机制，对每一起事故倒查培训责任，不断提高区队长、班组长落实培训责任，安全管理素质培训和现场技能培训的综合能力，不断提高通风防火系统从业人员的责任意识。通过不间断的警示教育，做到警钟长鸣。

二、开展自主培训，队伍素质更专业

集团公司通风防火部始终把职工培训工作作为事关职工生命安全和企业发展的战略性、基础性、系统性工作，深入研究，精心部署，紧紧抓在手上，坚持以问题为导向，针对新问题、新情况，紧跟形势变化，创新工作方式，借助科技手段，提升培训质效。坚持自上而下厘清压实各层级、各环节教育培训职责，成立职工素质提升工作小组，下设办公室，督促落实各级培训责任，为素质提升工作提供组织保障。

管理人员上讲台，培训更具针对性。大力实施管理人员上讲台活动，采用"引、留、育、用"的队伍建设要求，狠抓管理人员"四级培训梯队"建设。从集团公司通风防火部到矿、科、队深入开展"领导干部上讲台、培训工作到基层"活动。针对各生产矿瓦斯赋存和通风防火专业化要求，讲深讲透通风防火重点工作要求、工作流程、工程质量、操作措施及要领，达到指导实际工作的目的。各级管理人员及各矿"一通三防"主要负责人自觉承担素质提升工作领导和组织责任，带头学、带头讲、牵头组织，亲自负责，亲自督导，有力推动了各生产矿"一通三防"、瓦斯治理等专项培训。2021年，海石湾煤矿开展安全专项培训24场4860人次，金河煤矿开展安全专项培训22场3562人次，三矿开展安全专项培训26场4952人次，天祝煤业公司开展安全专项培训20场2865人次。

现场交流谈经验，素质提升更快捷。集团公司通风防火部始终坚持深入生产一线，了解基层职工在知识结构和工作本领上的欠缺内容，以问题为导向，以各矿自身事例为依据，让各生产矿在工作现场交流，相互探讨，共同提高。组织三矿、金河煤矿、海矿相关人员前往天祝煤业公司学习瓦斯抽采管道计量装置的安装与应用。组织三矿、天祝煤业公司、海石湾煤矿职工前往金河煤矿学习风门底坎的制作。组织三矿、海石湾煤矿、天祝煤业公司工程技术人员前往金河煤矿学习"两堵一注"囊袋封孔技术。并积极向各矿推广应用囊袋封孔工艺，此项技术作为集团公司一项技术创新成果已经取得国家实用新型技术专利。通过现场技术指导和培训以及各岗位能手技术交流，收到了良好效果，不仅提高了集团公司"一通三防"工作的整体水平，同时也激发了各矿工程技术人员自主创新、研发专利的积极性和自觉性。

选树典型谈体会，培训内容更直接。集团公司通风防火部坚持在工作中发现典型做法和先进人物，邀请能力突出，经验丰富的专业人员以及行家里手进行理论授课，以实践训练、技术交流为基准，通过强化专业技术人员对新材料、新设备、新技术、新工艺的讲解和各类监管、技术应用、应急处置等方面的认知，紧贴实际讲工作体会，有效调动了"一通三防"队伍的学习积极性，进一步提高了"一通三防"队伍发现问题、处理问题、解决问题的技能水平，为各项工作开展奠定了坚实基础。2020年以来，各生产矿着力解决矿井"一通三防"技术难题，持续做好解突卸压，为集团公司安全生产创造有利条件。近14年来，集团公司杜绝了"煤与CO_2突出伤人"事故。

找准短板强弱项，靶向培训更精准。为有效加大瓦斯抽采力度，落实保护层开采、井上下瓦斯抽采、千米定向钻孔补充抽采、高位拦截钻孔抽采等措施，从抽采钻孔设计、施工、封孔联抽、抽采计量、达标评判等方面实施全流程培训，做到"一工程一培训""一工程一考核""一钻孔一视频""一钻孔一档案"，努力向瓦斯"零超限"目标奋斗。深入开展均匀布孔灌浆、靶向精准注氮、大采空区分单元饱和性灌浆、在线监测等措施的集中专项培训，实现了防灭火工作逐步由过程治理向源头控制转变。严格落实两个"四位一体"防突措施和集团公司防突工作"十个到位""四个不准"，对各矿通风防火队伍开展智能随钻系统、钻孔轨迹测定、窥孔仪、视频监控、智能矿灯检查回放等技术应用培训，使通风防火队伍在日常管理和检查中，坚决落实防突效果检验 K_1 值达到0.4 停止作业制度，确保煤层"零突出"。

三、开展新技术培训，队伍成长更快速

集团公司通风防火部始终坚持以问题为导向，立足当前，谋划长远，以科技创新为根本动力，围绕关键技术开展科研攻关，推广应用先进工艺和技术，统筹规划，因地制宜实施，解决关键性技术难题，切实将素质提升工作转化成为工作质效。

产教融合增添活力。集团公司通风防火部坚持"优势互补、互帮互助、校企联动"的产教融合发展思路，加强与中国矿业大学、兰州资源环境职业技术大学等科研院所的合作与沟通交流，建立定期沟通协调机制，实施订单式委托培训，切实提高安全培训质量。2019年，集团公司实施地面瓦斯抽采工程中，充分利用与集团公司合作的相关院校和科研院所专家资源，搭建学习平台，开展技术培训，不断挖掘内部潜力。邀请西安煤科院业内专家教授多次对科贝德公司的工程技术人员进行专题培训，科贝德公司工程技术团队经过三年的学习培训和与科研院所专家的交流学习，从最初的一片空白快速成长为一个集地面抽采井钻井、射孔、压裂、排采全面掌握的地面排采核心技术团队。成功完成了海石湾煤矿上广场锅炉房煤层气改造项目，将排采出的煤层气用于锅炉供暖。目前正在积极与合肥设计院合作开展煤层气的综合利用项目，探索窑街煤电煤层气产业的可持续发展新路子。2022年，集团公司邀请专家教授开展专题讲座2场次，组织相互交流学习4场次，有力推动了各矿井科技进步。

先进技术快速推广。近年来，集团公司在淘汰退出落后设备和工艺上投入大，设备更新速度快。为进一步推广使用先进的生产工艺，对每一项新设备的投入，集团公司通风防火部及时开展专项培训。先后开展了抽采钻孔封孔、连接等工艺培训，淘汰落后工艺，从源头上提高防治煤与二氧化碳突出的保障能力。开展三维地震勘探、槽波地震、瞬变电磁法、无线电波透视等物探新技术推广应用培训，使现场作业人员熟练掌握接续工作面内部及外围、深部水平、地质构造复杂区域、老空、含水性和煤层赋存等情况提前物探技术，通过物探资料结合已有的钻探、巷探资料综合分析，提高地质资料探测的可靠性，为矿井采掘接续和安全生产提供可靠的地质资料。开展瞬变电磁仪使用培训，使各生产矿在采掘工作面的含水性进行超前探测，每个综采工作面回采前进行槽波地震、无线电波透视，超前探测工作面范围内的地质构造、老空和积水区等情况。各生产矿专业技术人员能够对物探报告判定的积水区、老空区、薄煤区、地质构造等异常区域做出准确判断，采掘前采取针对性措施提前探测，确保安全生产。通过专项培训，使集团公司各类新设备发挥了安全保障作用，有力促进了安全保障能力。

技术难题成功突破。针对各生产矿易发多发事故，集团公司通风防火部组织开展各矿专业技术人员研讨、与科研院所技术交流活动，使长期困扰集团公司煤炭生产的瓦斯治理和通风防火难题得到有效解决。针对大采空区和急倾斜特厚煤层采空区的防灭火难题，与科研院校全力开展科研攻关，着力解决煤炭自燃发火隐患。与中煤科工集团重庆研究院有限公司开展特厚煤层无保护层开采区综采放顶煤工作面煤与瓦斯（CO_2）突出防治、瓦斯抽采钻孔控制范围内空白区的消除、煤与二氧化碳突出的效果检验临界值确定等疑难问题的科研攻关，从根本上解决矿井防突问题。加强与粉尘防治技术力量雄厚的科研院校或企业开展合作，进行科研攻关，并积极推广先进抽出防尘装备技术和材料，提高防尘工作水平，改善治理成效。加强粉尘监测工作，制定严格的考核办法，对发生粉尘长期超标和新增职业病病例等现象，按照集团公司相关规定进行追责，切实推进矿井向"无尘化"目标迈进。通过与科研院所合作攻关，不仅解决了通风防火技术难题，还培养了一批专业技术人员团队，为矿井通风防火、瓦斯治理积累了经验，提供了人才支撑。

立足新发展阶段，集团公司通风防火部将坚持以习近平新时代中国特色社会主义思想为指导，深入贯彻落实习近平总书记关于安全生产的重要论述和指示批示精神，紧盯集团公司发展战略定位和发展思路，坚持以职工技能素质提升系统工程为抓手，超前谋划、超前培训、超前治理，严防"一通三防"各类事故发生，全力推动企业高质量全面发展。

"三个先导"推动素质提升

窑街煤电集团有限公司机电动力环保部

近年来，集团公司机动环保部始终主动适应新时代高质量全面发展要求，坚持"三新一高"导向，进一步贯彻落实集团公司"三全育人"理念，充分认识全员素质提升意义，准确理解全员素质提升工作要求，认真履行全员素质提升职责，通过创新培训方式方法，扎实开展各项培训教育工作，进一步强化人才队伍建设，深入推进全员素质提升工程，走出了一条育人才、强培训、提素质、保安全、促发展的新路子，实现了职工队伍素质提升与企业高质量发展目标有效衔接、过程融合、落实同步，为建设全国一流现代能源企业提供了坚实的智力支撑和人才保障。

一、思想为先导，制度作保障

思想是行动的先导，认识是行动的动力。实现企业愿景目标、推进企业高质量发展，保证集团公司朝着符合新发展阶段、体现新发展理念、融入新发展格局的现代能源企业目标奋进，必须要有一支素质高、作风硬、技术精的职工队伍作支撑。集团公司机动环保部始终将素质提升工作作为部门重点工作，通过部门领导高度重视、建立健全工作机制、认真落实部门职责、全员积极参与配合，夯实了素质提升工作基础。

一是思想认识到位。以习近平新时代中国特色社会主义思想为指导，牢固树立"安全管理，培训先行""培训不到位是最大的安全隐患"的职业教育培训理念，坚持"认识、知识、技能、道德、素质"一体化提升，突出教育、培训、管理、制度约束四个环节，以"思想道德、安全技能、文化素养"为重点，在真培实训、精培善训、喜培乐训上下功夫，推动全员职业教育培训素质提升工作制度化、规范化、常态化、长效化，不断提高机环系统人员的管理水平、工作能力，推动集团公司高质量发展。

二是组织领导到位。成立以部门党支部书记为组长，各业务主管为成员的素质提升领导小组，明确素质提升目标和实施方案及人员职责，成立环保信息组、设备管理组、发供电组、机电及自动化组、运输及标准化组，同时进行成员包保，将生产单位安全、技术指导、素质提升工作分配到人，健全组织体系，强化运行机制，做到统一领导、分工明确，归口管理，部门负责人、党支部书记亲自抓、带头学，亲自讲、带头做，各业务组负责人分头学、分类讲、重点学、重点讲，切实将专业范围内最新政策、法规、业务知识贯彻学习，强化责任落实，营造学习氛围。

三是制度建设到位。在现有机电运输安全管理的基础上，根据国家政策导向、行业发展变化以及单位发展需求，对现有管理制度进行全面梳理，对操作性、针对性不强或不完善的制度全面修改完善补充。2021年以来，先后修订了《设备管理制度》《计量管理制度》《电气防爆管理细则》等16项制度，使各项制度更贴近实际、覆盖盲区，切实做到有章可依、有规可循。创新完善机电运输管理体系，建立工作交流机制，定期召开机电运输专业会，定期讨论交流工作，解决制约机电运输安全生产环节的关键问题和疑难杂症，将学习成果转化为实际运用。

四是目标落实到位。坚持以目标为导向，聚焦人员素质提升、学历提升、岗位能力提升，向学习要效果、向培训要质量、向过程要结果，推动系统全员素质提升。近年来，机运系统培训教育全覆盖，干部、职工强制学时合规参培率为100%，各项专项培训计划实施率达100%，机运系统各工种岗位持证上岗率100%。50岁以下部门成员学历均达到本科层次，高级工程师比例为50%以上。机运系统"人人都是班组长"素质提升活动取得显著成效。部门成员政治素养、业务素质、履职尽责素质显著提升。

二、需求为先导，措施保质量

职工是企业发展的根本动力，人才是企业发展的第一生产力。职工素质提升是让企业和职工双方受益的双赢活动，是企业发展的"催化剂"和"助推器"。集团公司机动环保部坚持在提高全员整体素质上树立长远目标和大局观念，通过贯彻落实"不拘一格育人才"提素质育新人理念，真正实现了职工素质提升"需求学"向"全员学"的转变，切实促进了全员素质技能提升。

一是自主培训提技能。根据集团公司实际需求，配合职业教育中心制定环保、机电、运输、自动化培训方案。2021年以来，共与职业教育中心组织开展危险化学品管理培训1期55人、矿井供电系统运行维护管理培训2期43人、矿井提升与运输培训2期81人、电工技能培训1期47人、钳工技能提升1期49人、设备自动化操作人员素质提升培训2期144人。各单位分别结合新设备、新工艺、新装备、新系统开展机电运输等专项培训。2021年，海石湾煤矿主要针对机电运输相关工种开展了送教上门培训、专业讲座培训、现场实操培训、模拟演练培训、岗位练兵、技术比武培训等58场5960人次；三矿主要开展了以岗位技能培训，新设备、新系统专项培训，实操培训等为主的各类培训55场4911人次；天祝煤业公司主要以煤矿机电运输专业重大隐患判定标准、矿井自动化建设应用及其设备管理操作、矿井物料物流化运输专项知识、特种设备事故防范、自动化改造、集中控制系统、煤矿智能化建设技术等培训51场4516人次；金河煤矿开展电工专项培训、现场实操培训、电工技能培训、自动化系统培训等49场4230人次，切实提高了自主培训质量和机运系统操作人员技能水平。

二是专家授课促发展。针对集团公司智能化、自动化、信息化高质量发展要求，抢抓机遇，邀请国家知名专家来企讲座，延伸讲座授课方式和内容。2021年，分别邀请全国知名运输专业专家苏其亮、机电专业专家王洪林教授、国家发改委能源研究所专家、郑煤机设计院专家针对安全生产标准化管理体系，"碳达峰、碳中和"等国家政策和基础知识，液压支架使用维护保养，电液控原理及操作知识举办讲座，共计参培人员735人次，有效提高了全集团公司机运系统人员专业知识、碳排放知识、电液控液压支架相关知识储备。加快应用智能化工作面无人控制系统、智能化运输管理系统、煤矿井下环境感知及安全管控系统、固定场所无人值守系统的建设力度，为集团公司落实国家、省、市战略发展政策奠定了基础。

三是技术交流增干劲。制定《窑街煤电集团公司矿井带式输送机保护装置安装及试验标准》《斜巷提升运输安全设施、视频监控装置及人员防入侵警告装置安装标准》等企业标准，在编制过程中开展交流学习和辨识不足，有效解决了胶带运输机保护装置安装标准不一、管控混乱的局面和小材上提升作业人员闯入高风险现状等问题，促进了参与人员技术素质提升，对今后类似重点管控又无明确行业标准、国家标准的管理难点起到了很好的带头示范作用。针对矿井供电系统、主通风机电控系统开展"会诊式"交流检查，制定针对性实操培训计划，多角度、多途径模拟不同的应急方案，加大重要岗位人员实操培训力度，使操作人员完全掌握主通风机所有启动模式，有效解决了天祝煤业公司供电电源电压波动状态下主通风机频繁停机无法自动开启的问题，提高了设备系统可靠性和风险防控能力。2021年11月，在天祝煤业公司组织辅助运输连续化现场推进交流会，就单轨吊在集团公司首次使用进行技术交流，组织各生产矿46名专业工程技术人员参观学习柴油机单轨吊辅助运输系统在综采工作面连续化运输运行方式及现场运行情况，以及使用经验和做法，通过分享、探讨，为解决单轨吊投运及自动化方面技术、安全问题提供参考，为大力推行自动化装备发挥了良好的桥梁作用，极大地提高了技术人员工作干劲和创新力度。

三、现场为导向，技工保安全

市场竞争的实质是人才的竞争，职工队伍素质的高低不仅关系到职工工作水平和服务质量，也最终决定着企业的发展前景。企业要在激烈的市场竞争中站稳脚跟，勇往直前，首先必须通过培训教育提高职工队伍素质，最大限度地开发职工的潜能，建立适应企业发展的高素质职工队伍，实现企业高质量发展。

一是突出实际操作强素质。结合现有设备资源优势，充分利用闲置设备、厂地，建设具有特色的职工实操培训基地。进一步完善有预案、有计划、有培训、有考核、有奖惩的机电运输系统各类事故应急预案演练工作，重点完善矿井停电应急预案体系，深化演练模式，有步骤地开展不同层面上的事故应急演练。生产矿每年至少培养出10名合格的电工，确保建成一支符合智能化矿山建设的专业电工队伍。对于主扇、瓦斯泵、压风机、水泵、提升机等大型固定设备，利用设备停机时及时检修，为加快自动化系统建设培养高技能职工队伍。

二是抓实法规教育促提升。通过邀请权威专家答疑解惑，吃透法规、标准，依法依规开展好安全生产管理工作。重点对《煤矿安全规程》《安全生产法》《安全生产标准化管理体系》《特种设备安全法》《煤矿重大生产安全事故隐患判定标准》进行学习、考评。认真贯彻落实《煤矿安全生产标准化管理体系基本要求及评分办法》，认真领会和对照专家讲课解读，完善细化统一的设备、设施、系统、图纸、记录等规范化标准。从源头管理工作抓起，教育引导职工按照设计、标准实施"一步到位"工作法，坚决杜绝二次返工工程，提高职工现场工作能力。

三是督导班前会质量促规范。班组是企业的根基，是企业一切工作的落脚点。常态化与机关相关部门共同督导各生产矿"人人都是班组长"全员自主管理班前会流程，持续不断探索和改进更富有操作性和实效性的新方法、新举措，充分发挥班组全员在安全管理中的主力军作用，让每一名职工成为安全管理的主角，让职工在参与中提高分析问题、解决问题的能力，真正把班前会开成业务知识辩论会、安全隐患排查会，使安全意识牢牢扎根在职工心中，从源头及时消除人的不安全行为，确保班前会"四项功能"得到充分发挥，形成人人思考、人人担责、人人实践的良好局面，为企业高质量发展凝聚了合力，激发了干劲。

集团公司机电环保部将全面贯彻落实企业"构建高质量发展体系"战略

部署，坚持"改革创新，争创一流"的工作总基调和"实干、创新、安全、高效"的工作要求，以学习教育为导向，以学习业务为重点，以实操训练为基准，提升队伍凝聚力、公信力、战斗力、执行力，不断推广应用新技术、新装备、新工艺，全面推进矿井自动化、信息化、智能化建设，确保机运设备安全高效、"三供"保障可靠、人才队伍优良，助力集团公司高质量发展。

科技赋能 打造安全生产"最强大脑"

窑街煤电集团有限公司调度中心

窑街煤电集团有限公司调度信息指挥中心承担着全公司安全生产调度指挥、网络信息管理和经营管理工作。近年来，伴随着集团公司现代化能源企业管理的不断进步和高质量的快速发展，调度信息指挥中心对内注重专业人员培养，建立共识、创新方式，勤练"内功"；对外充分发挥职能部室作用，实战督导、科技赋能，培训"外延"，紧盯建设全国一流现代能源企业奋斗目标，不断提升集团公司调度和经营系统人员综合素质，努力为推动企业高质量发展争作贡献。

一、勤练"内功"，打造企业安全生产的"作战指挥部"

作为煤炭开采型企业，安全生产离不开调度指挥，它就像窑街煤电集团公司的"作战指挥室"，每打一次漂亮的"战役"，都离不开"指挥员"队伍，从接收一线信息，结合现场实际环境分析，到下达应急处置命令，再到具体执行等都需要专业的"调度员"来完成。随着企业"建设全国一流现代能源企业"目标的推进，只有遴选和培养具有专业知识的调度人才，建设一支反应迅速、指挥敏捷、团结协作的专业团队，才能准确发布指挥信息，达到忙而不乱从容指挥的效果。为此，集团公司调度指挥中心，勤练"内功"，坚持在聚共识、强创新、拓渠道中着力提升调度信息指挥系统全员专业素养。

一是凝聚学习共识。集团公司调度信息指挥中心始终将提升部门全员素质与安全生产、经营管理等重点工作同步安排、同步督导、同步落实，坚持把全员培训教育工作和职工队伍建设、提升专业素养作为全年重点工作，结合实际制定《调度中心业务学习制度》，根据工作安排和业务发展要求细化年度和月度学习计划，组织部室工作人员每周三下午集中学习，定期监督检查通报学习情况，推动全公司调度信息指挥系统职工形成了强化业务技能学习、努力提升综合素养的广泛共识。

二是创新培训方法。积极开展在职人员学历提升和智能化、信息化培训工作，依托"学习强国""甘肃党建"和微信群、煤矿安全知识微信公众号等平台，坚持以集中学习和自主学习相结合的方式，认真组织职工学习贯彻习近平新时代中国特色社会主义思想、党的十九大和十九届历次全会精神、省第十四次党代会精神、集团公司"四会"等会议精神，督促部室全体职工认真学习安全生产相关法律法规专业知识，持续推动职工日常政治理论学习常态化，确保发出的每条指令符合党的要求；组织部门中层管理人员、业务主管和业务员按照分管业务确定培训内容，分别制作课件进行授课，在备课、授课的同时强化学习，推动全体职工把自觉学习作为工作目标和工作职责，注重锻炼、提升综合素质能力；组织职工参加集团公司安全生产标准化管理体系培训讲座和防突、防冲、调度应急管理等专项培训，通过召开座谈会交流管理思想、管理方法，了解掌握解决各单位安全生产动态和调度应急管理工作中存在的问题；集中组织职工学习党和国家及行业关于智能化煤矿建设的文件、规范、标准，组织职工全面系统学习《关于加快煤矿智能化发展的指导意见》及政策解读、《中国煤矿智能化发展报告（2020）》《煤矿智能化建设指南（2021）》《智能化示范煤矿验收管理办法（试行）》，通过与井下现场作业人员、管理人员深入沟通交流，直观理解和掌握生产工艺、方法，推动调度指挥有理有据、科学有序；注重业务学习和专题教育相结合，每周组织职工学习《甘肃省省属监管企业负责人经营业绩考核办法》《甘肃省企业推动高质量发展贡献奖奖励实施细则》甘肃省国资国企改革动态、《甘肃省省属国有企业负责人薪酬管理办法》等经营管理方面的政策法规和OFFICE计算机知识、OA系统、经营绩效管理基本知识，着力提高全员经营调度能力。目前，调度中心工作人员全部取得计算机一级等级考试合格证书。

三是拓展培训渠道。以集中学习、专家领学、引导自学等形式推动全公司调度信息指挥中心工作人员提升业务能力和素养。邀请中煤科工集团北京华宇公司专家，对煤矿智能化建设指南及验收标准、智能化选煤厂建设等方面作专题讲座，有效提高了集团公司上下对智能化矿山的认识。组织职工参加集团公司安全生产标准化管理体系培训讲座和防突、防冲、调度应急管理等专项培训，分场次、分业务、分重点培训全公司系统管理人员和系统使用人员。2021年，先后在全公司组织7场350人次参加的"三重一大运行和监管系统""协同OA办公系统""合同管理系统""电子政务及纪检监察内网"等信息化系统专业培训，目前各单位系统管理人员基本能够制作简单的工作流程。依托OA办公平台、微信群、微信公众号等平台宣传网络安全知识，不定期在OA系统中发布严重病毒及漏洞防护及修复手段，组织生产矿优秀技术人员参与网络安全攻防演练及"陇剑杯""陇警杯"网络安全大赛暨高峰论坛活动。通过实战锻炼队伍，着力提高预防黑客入侵和病毒等方面的能力。依托"张国财国家级技能大师工作室"等平台以集中授课、现场实操、技术比武等多种形式，积极为全公司技术能手和业务骨干学习PLC编程、3D建模、智能化设备维护维修等新技术搭建平台。坚持以集团公司与兰州资源环境职业技术大学联合办学为契机，积极构建"产学研"一体智慧化人才培训机制，努力为企业智能化发展提供人才支撑。通过对集团公司"智慧矿山"所有建设项目实行3年维保、牵头组织厂家设立维护机构有技术实力的技术人员常年不间断值守、建立并落实培养智能化自动化人才合作机制，积极为各生产矿培养技术过硬、能够独立处理各类技术问题、应对突发事件的技术团队。

二、培训"外延"，打造企业信息运行的"中央处理器"

调度指挥工作的主体是人，调度指令的下达、安全生产组织实施、突发事件应急处置等，都要由人来完成。因此，集团公司调度信息指挥中心注重在建体系、拟方案、保运行中倒逼调度信息指挥系统全员提升学习、执行、服务、组织、创新等能力。

一是业务外延建体系。构建形成了以网信部负责信息化、智能化规划及指导建设工作，各业务部室具体负责本业务范围内自动化、智能化建设，各生产矿结合实际组建调度信息指挥中心、自动化办公室、信息化建设队等上下贯通、左右衔接的运行体系，通过分层逐级明确工作重点和职责、制定印发"视频反三违"、完善各项智能化系统管理制度、修订相关岗位责任制和操作规程等举措，健全完善了上下联动、逐级负责的管理体系，为全公司智能化矿井建设提供了组织保障。

二是实战训练促发展。面对以人工智能、大数据、互联网+、物联网、5G为标志的新技术革命浪潮，加强与科研院所合作，在专家指导下认真研究、制定完善四对生产矿"机械化、自动化、信息化、智能化"改造实施方案，使方案更加符合国家、行业标准要求和集团公司发展实际，引导职工认清新技术与煤炭工业深度融合的发展趋势。

三是精准调度保运行。完善扁平化组织指挥体系，立足工作实际，注重完善扁平化组织指挥体系，聚焦计划下达、生产组织、过程管控、应急处置等重点工作抓落实，着力提高调度综合管理水平。通过组织各级调度人员经常深入安全生产一线掌握资料、动态了解掌握企业生产活动中出现的各类问题，教育引导职工树立踏实果断、勇于负责的工作精神，积极分析问题，认清客观规律，帮助解决问题，精准下达计划指标；加大落实集团公司调度会、生产会及各类专业会议、专题会议精神的督办力度，通过建立调度督查表、指派专人负责安排落实、跟踪督办安全生产和安全隐患、按规定持续跟踪考核等举措，努力提升调度工作质效；组织每周2次集团公司调度例会，各二级单位每天召开调度例会，协调解决安全生产过程中存在的各类问题，推动全公司调度系统实现动态平衡；注重运用企业调度通讯系统、监测监控系统、视频监控系统等各种先进的信息化手段及时发现问题隐患，通过及时精准汇报、制定方案措施，快速组织力量精准实施应急处置，着力降低突发事件造成的影响；围绕工作面安装回撤、接续工作面掘进施工、防突防冲措施实施等重点工程，坚持"早计划、早安排、早落实"，按照"超前预防、防治结合"原则，通过完善措施、强化管理，在企业安全生产工作中有效发挥了调度指挥协调作用。

四是绩效考核促成长。绩效管理能够为团队人员的成长指引方向。集团公司调度信息指挥中心探索和完善职工培训激励机制，发挥经营考核的"杠杆"作用，坚持质量第一、效率优先原则，在坚持以市场化为导向，抓好企业安全生产、达标达产、产品质量管理等重点工作和全年目标措施的同时，深入实行差异化考核，推动各单位不断提高经营管理质效。坚持中长期激励和短期激励相结合原则，以战略引领、市场导向、增量激励为重点，不断完善中长期激励，按照经济运行好坏、贡献大小，稳妥有序完善并落实集团公司与二级单位和职工个人的超利减亏分配机制；刚性考核中层管理人员绩效薪酬和三年任期激励收入，充分发挥考核的正向激励作用，进一步调动二级单位和关键技术人才、骨干的积极性，推动企业实现高质量发展。

三、科技"赋能"，打造高质量发展的"主引擎"

当前，煤炭行业正处于全面深化改革与转型发展的关键期。新的生产力和管理模式的重大调整，使得调度指挥中心逐步走向新型智能化管理阶段。集团公司调度信息指挥中心坚持在筑平台、促融合、树导向中教育引导广大职工认清智能化矿井发展趋势。

一是筑平台。集成建成各类信息化、自动化系统数据，实现信息资源在集团内的充分共享，支撑各类资源动态管理能力，有效提高了企业整体运营效率和精确管理水平。根据国家发改委、能源局等八部委联合印发的《关于加快煤矿智能化发展的指导意见》要求以及国务院安委会《关于坚决防范遏制煤矿冲击地压事故的通知》要求，统筹稳步推进智能化矿井建设，重点加快窑街地区三对冲击地压矿井智能化建设，推动各生产矿完成50GE光网等基础设施升级改造等信息系统和井下水泵房、变电所、压风机房等固定机房硐室的自动化改造工作，积极在海石湾煤矿、三矿各建设1套电液控半自动化综采工作面，在海石湾煤矿、金河煤矿、三矿分别建设智能化综采工作面，努力减少工作面人员和降低职工劳动强度，推动安全高效生产。

二是促融合。推动新技术与煤炭工业的深度融合，三矿、天祝煤业公司建设包含基础设施层、平台支撑层、智能应用层、运营运维体系等模块的数据中心，规范了数据接入标准，统一了数据入口、协议与数据标准，在不同设备之间、不同应用之间、不同操作系统之间形成"万能语言"，为后续数据应用与价值挖掘奠定了坚实基础。注重智能装备移动端的应用，完成工业视频系统、调度信息系统、云控智能矿山等智能化系统APP应用和推广，各级管理人员无论是否在岗，通过手机即可实时掌握井下安全监控数据、人员定位数据、各类智能化设备工况数据、重点工作区域视频信息，通过手机短信可以接收到井下瓦斯超限等报警信息，及时掌握现场信息。

三是树导向。推动四对生产矿固定机房硐室基本实现远程控制和自动切换、无人值守，减少了作业人员，极大地降低了人员直接接触设备存在的安全风险，特别是随着智能化综采工作面作业人员的缩减，采煤机和液压支架均实现了远程操作，进一步降低安全风险和职工劳动强度。通过实施自动化、智能化减人提效，减少井下条件艰苦岗位和用人多岗位人员，把不愿学习、不会运用自动化、智能化设备的人员减下来从事技术含量低的工作，推动技术水平高、善于学习的人从事自动化、智能化设备操作管理等技术含量高的工作，倒逼各级人员学技术、学知识，提高技能水平。

立足集团公司高质量全面发展新阶段，集团公司调度信息指挥中心将坚持以全系统全员素质提升为抓手，着力打造一流"作战指挥员"团队，为接续把集团公司建成"百年企业"作出不懈努力。

聚焦三个关键点　做理财能手

窑街煤电集团有限公司财务部

　　财务是现代企业管理的核心，做好财务工作是财务部门的重要职责。近年来，窑街煤电集团有限公司财务部坚持以习近平新时代中国特色社会主义思想为指导，紧紧围绕"打造全国一流现代能源企业"目标不动摇，紧盯财务基础管理、成本管控、全面预算管理、"两金"清理压降、税收筹划、资金管理、财务风险防控化解等主责主业，把学习、培训、实践作为提升团队专业素质的重要途径，培育打造了一支"业务知识专业、综合素质优良、技能水平一流"的财务管理人员队伍。

　　一、聚焦专业学习这个根本点，打牢基础

　　在现代企业，要想成为一名优秀的财务管理人员，必须具备持续的学习能力和钻研能力。集团公司财务管理部通过"四个途径"强化学习，确保了财务人员具有过硬的政治素质和专业素质。

　　（一）强化政治理论学习。积极引导财务人员加强政治理论学习，以集中开展的"不忘初心、牢记使命"主题教育、党史学习教育等活动为载体，在广大财务人员中掀起学习习近平新时代中国特色社会主义思想的新热潮，进一步提升政策理论水平，激发财务人员爱国爱企意识。在加强理论知识学习的同时，注重对集团公司"五会"、改革会等会议精神，投资、经营、薪酬等方面规章制度的学习，及时掌握党和国家的利好政策、集团公司发展方向和动态，从而更好推动财务管理工作。

　　（二）强化专业知识学习。及时将上级主管部门关于财务工作的要求和《甘肃能源化工投资集团有限公司会计政策与会计估计汇编》转发集团公司财务系统各级财务人员，分单位进行集中学习和自学，推动各级财务人员进一步掌握和应用好会计政策和会计变更，更好地指导会计核算工作。与此同时，根据各级财会人员工作需要，累计购买《新企业会计准则》《企业会计准则案例讲解》《企业会计准则应用指南》40余册，分发相关财务会计专干进行认真学习研究，再利用小组培训模式，不断提升财务人员对《会计法》《企业会计准则》《企业会计基础工作规范》的掌握，有效提高了各级财会人员处理实际问题的本领和能力。

（三）强化先进经验学习。积极利用集团公司OA办公平台、学习强国、甘肃党建、国资e学等网络平台，强化对上级政策理论、专业知识、先进经验的学习和掌握。以"请进来"培训的方式，特邀请大华会计师事务所甘肃分所（特殊普通合伙）合伙人、甘肃省会计行业学科带头人惠全红来集团公司开展企业会计准则专题培训，通过现场授课、互动交流答疑解惑；以"走出去"学习的方式，组织相关财会人员到省内外相关兄弟单位交流学习，让财会人员开阔眼界、增长见识。深化对会计准则的理解和掌握，更好地指导实践，提升了财务人员核算能力。尤其是对近年来省政府国资委总结的省内兄弟单位国企改革三年行动中涌现出来的好经验、好做法进行专题学习，分级培训，实践应用，较好改善了经营等管理知识结构。

（四）强化继续教育。根据甘肃省财政厅关于会计专业技术人员开展继续教育的有关通知要求，集团公司财务部积极组织机关及所属二级单位财务人员参加每年一次的继续教育。自2018年以来，累计组织集团公司财务人员参加继续教育有560人次以上，考核合格率达100%，年度继续教育合格证取得达率100%，进一步夯实了财务从业人员的基础知识，提升了专业技能，为集团公司规范财务管理、强化财务核算提供了强有力的保障。

二、聚焦培训引导这个关键点，提升能力

作为以煤电为主业的能源型生产企业，市场无时无刻不在发生变化。如何保障在瞬息万变、稍纵即逝的经营形势下化解资金管理风险，推动企业高质量发展，成为财务部提升全员素质的攻坚课题。近年来，集团公司财务部通过

"四项专题"培训引导，确保财务人员拥有了底线思维和现代管理思维。

（一）加强个税政策培训，充分享受政策红利。自国家开展个人所得税专项附加扣除申报以来，集团公司财务部积极同红古区税务局沟通对接，强化同地方政府部门的沟通交流。邀请红古区税务局税政科工作人员来集团公司开展个人所得税专项附加扣除申报专题讲座，组织集团公司财务系统从业人员和干部职工近200人次参加培训，现场学习个人所得税专项附加扣除政策及个人所得税APP操作技巧，使各级财务人员更加清楚地掌握国家政策，进而指导集团公司广大员工享受专项附加扣除政策带来的利好，充分享受个税政策红利。

（二）加强资金流程培训，积极化解资金债务风险。资金保障是企业的命根子。几年前，面对国家实施煤炭产业"去产能"和供给侧结构性改革政策和金融机构对煤炭企业信贷政策同步调整的影响，企业在资金保障方面遇到了前所未有、举步维艰的困难。集团公司财务部门全体人员没有被困难吓倒，鼓足勇气，充满信心，在集团公司领导的带领下，多次前往省政府国资委、兄弟企业单位沟通协商，争取到了兄弟单位过桥资金和银行贷款，缓解了企业资金压力，保证银行贷款实现平稳续贷过渡。同时，财务部全体人员积极学习和挖掘煤炭市场经济向好信号，加强财务从业人员业务培训和资金流程管控培训，加强企地信贷合作，强化企业资金结算系统改造，有效化解资金债务风险，优化资金流程管控。2020年以来，集团公司财务部牵头对企业资金结算系统进行了升级改造，并积极与深圳市拜特公司沟通，邀请项目经理、工程师4人对新升级改造的资金结算系统操作进行6场近300人次的企业资金结算专题培训，使各级财务人员对升级改造后的资金结算系统能够快速操作和掌握，熟练应用操作技巧，更好地服务企业生产经营工作。

（三）加强资金使用培训，积极化解资金压力风险。为保障集团公司正确使用并核算国家下达的中央预算内资金，集团公司财务部及所属单位相关财务人员积极参加中央预算内资金使用管理专题培训，深入了解和掌握中央预算内下达资金的管理和使用规定，充分掌握和应用国家出台的关于国地税税费延期缴纳和社保等费用暂缓缴纳的优惠政策，积极向省委省政府、省政府国资委汇报，最终获得暂缓缴纳国地税税费延期缴纳和各项社保费用的减负政策支持，顺利办理了国地税税费延期缴纳和社保费用暂缓缴纳各项手续，缓解了企业资金压力，化解了企业资金压力风险，为集团公司摆脱困境、实现平稳过渡做了大量工作。2020年以来，在煤炭市场向好和企业经营好转的情况下，集团公司全额缴纳了欠缴的各项社保费用，保障了职工群众的合法权益。

（四）强化财务预决算培训，积极化解资金保障风险。为扎实推进年度财务决算和年度预算工作，保障按期顺利完成财务决算和预算工作，近五年，集团公司财务部先后组织各级财务人员参加国务院国资委财务决算软件、预算软件参训300人次以上，为集团公司财务管理人员熟练运用财务预决算软件，开展财务预决算工作奠定了基础；集团公司各年度财务预决算工作，通过省政府国资委审核并取得董事会、股东会决议。2017年，集团公司获得"全省预算先进集体"荣誉称号。

二、聚焦实践应用这个破题点，积累经验

在实践中积累经验、用实践检验真理。集团公司财务部把每一次实践作为提升团队素质的好时机，通过"四个平台"开展大练兵，确保财务人员专业素质过硬、技能水平一流。

（一）以推进资产证券化为平台，提升财务干部专业素质。根据省委省政府、省政府国资委、甘肃能化集团关于资产证券化相关工作要求，集团公司财务部面对企业发展新要求新课题，以国企改革三年行动为契机，集中力量全力以赴推进资产证券化工作。针对资产证券化工作推进过程中出现的各类问题和困难，各级财务管理人员以身作则，主动同中介机构沟通交流，破解各种困难和问题，释义专业能力恐慌难题。经过3年4轮次审计和资产评估工作，顺利完成"两年一期"审计评估工作，配合中信证券、华龙证券、盈科律所完成上市前资料准备，为顺利完成资产证券化相关工作奠定了坚实基础，使各级财务人员素质有了质的提升。

（二）借助企校共建培训培养平台，提升财务干部业务素质。积极参加甘肃省财政厅、省政府国资委等上级单位牵头组织的"总会计师"素质提升工程培训，组织多名财务管理人员赴北京国家会计学院、厦门国家会计学院、上海国家会计学院进行财会专业学习，拓宽了眼界，增长了见识。牢牢把握集团公司与兰州资源环境职业技术大学共建煤基产业学院的契机，2020年以来选派30多名财务人员参加计算机应用能力提升和财会专业知识培训班，提升了财务人员财会专业基础知识和计算机应用水平，为今后更好地开展财务数据分析打下了坚实基础。

（三）借助线上网络培训平台，提升财务干部实务能力。为指导解决当前企业会计准则实施中遇到的突出问题，推动企业会计准则高质量实施，2020年9月，集团公司财务部积极组织各级财务人员140余人参加了财政部会计司、财政部监督评价局、证监会会计部和中国注册会计师协会举办的企业会计准则高质量实施工作线上培训。这次线上培训结合《企业会计准则》解读和企业年报分析等方式，较好解决了各级财务人员对《企业会计准则》在实施过程中认识理解上的模糊、执行中的偏差以及反映突出的准则实施重点难点问题，尤其对《企业会计准则》中"收入、金融工具、租赁、合并"等部分重点会计准则，结合企业实际，进行深入讲解和解读，提出明确技术要求，参训人员反响强烈，纷纷表示受益匪浅。同时，2021年根据省政府国资委要求，集团公司财务部积极组织各级财务人员、法务从业人员、审计从业人员参加由永诚财税集团组织的《新收入准则视角的经济合同管理和税务风险管控》线上公益讲座，参训280人次以上，进一步强化了财务人员对新会计准则的理解和认识，增强了经济合同管理和税务管理等方面的防范风险能力。

（四）借助考级考证服务平台，提升财务干部基础素质。在强化理论培训学习的基础上，集团公司财务部积极鼓励财务从业人员参加会计专业职称取证考试。2020年以来，集团公司会计从业人员中考取会计专业初级职称13人，中级职称9人，高级职称1人，进一步优化了财务人员知识结构，激发了各级财务人员对专业知识的学习。其中有3名财务人员被甘肃省财政厅评为会计工作业绩突出个人。同时，集团公司财务部以整理分享经典案例为手段，第一时间整理省政府国资委整理分享的新会计准则（收入、租赁、金融工具）运用及案例20余例，转发集团公司各二级单位，明确由各单位财务负责人牵头开展集中研讨和学习交流，撰写学习心得和体会，为新会计准则的实施提供了可参考的经典案例。通过培训学习，进一步加强财务干部理论与实践相结合的实战能力，全员专业素质提升工作取得明显成效。

近年来，集团公司各级财务干部扑下身子沉下心，千方百计想对策，积极主动找出路，一门心思抓培训，勤奋学习提素质，奋尽全力保障集团公司资金运转正常，为企业高质量发展作出了应有的贡献。2022年集团公司预计将实现利润近28亿元，企业经营效益创建企以来最好水平。

提升法治素养　培养合规意识

窑街煤电集团有限公司法律合规部

窑街煤电集团有限公司法律合规部对标一流企业，将集团公司全员素质提升活动与全面风险管控和法律事务工作有序、有力、有效开展相结合，探索运用"党建引领法""外引内培法""以案促学法""以干代训法"，自我加压，层层传导，在政治素质、业务素养、综合能力等方面得到了较大提升。

一、积极开展法治培训，构建工作新机制

党委领导，依法治企贯穿生产经营全过程。近年来，集团公司始终把"强法治、促管理、防风险"作为保障企业稳健发展的重要举措，着力打造"治理完善、经营合规、管理规范、守法诚信"的法治国企。全员素质提升工作开展以来，不断深入学习贯彻习近平法治思想，全面加强党对依法治企的绝对领导，把党的领导贯穿到依法治企工作的全过程和各方面。2021年，集团公司党委首次开展年度述法工作，明确企业主要负责人履行推进法治建设第一责任人职责清单，将述法内容列为中层以上领导干部个人年度述职报告的重要组成部分，推动述法结果与干部考核、评价使用相结合，建立述法工作与干部评价相挂钩的工作机制，实现了述、考、评、督、责各环节一体贯通，推动了依规治党和依法治企相结合，提升了企业主要负责人法治思维和依法治企能力。

外引内培，画好人才培养"同心圆"。近年来，集团公司通过校园招聘、社会选聘等方式引进法学专业优秀人才。2020年至今，共计引进中层管理人员1人、法律专业应届毕业生17人，全公司10人持有法律职业资格证书，4人已经取得公司律师职业资格证书，夯实了企业法治建设的人才队伍基础。集团公司积极组织法务人员参加甘肃省律师协会举办的"甘肃省两公律师培训"、甘肃省国资委举办的"法治讲堂"等，坚持在学习中工作、在工作中学习，不断提升法务人员的专业能力和水平。同时，集团公司依托外聘法律顾问举办以《民法典》《安全生产法》《社会保险法》等为主要内容的法治培训33场次，全面提升了干部职工的法律意识。

以案促学，在大量案例中磨砺法律品格。充分利用"中国裁判文书网""最高人民法院""甘肃丝路法雨"等媒体公布案例和集团公司《法律纠纷案例选编》中的内部典型涉诉案件向干部职工进行案件分析，对案件相关的事实依据、法律依据、法理依据进行详细的法律解读，将典型案件在依法解决过程中的法律知识列为重点普法内容，使职工看到法律的公平公正，增强依法办事的信心，在潜移默化中逐渐增强法治观念和遵纪守法的意识。建立以案普法机制，定期开展以案普法，结合日常法治培训、重大节点法治宣传、外聘法律顾问开展的专题讲座等多种宣传方式，深刻剖析诉讼案件的发案原因和案件背后涉及的法律知识及反映出集团公司在管理过程中的问题。严格坚持问题导向，不断建立健全集团公司各项管理制度，及时堵塞管理中的漏洞，进一步规范内部治理和外部行为，防范法律风险，维护企业合法权益，提升企业整体经营管理水平和法治建设水平。

以干代训，不断提升法务人员实操水平。近年来，面对集团公司诉讼案件大量涌现、复杂程度不一的新形势，精准实施诉讼案件分类管理、分级管控。对于案情简单、标的金额不大的诉讼案件，集团公司委托法律合规部工作人员作为诉讼代理人，参与法院庭审和辩护。2020年以来，共计参与诉讼案件58起，占全部诉讼案件的78%。在庭审和辩护过程中，法务人员的实操水平和应对案件的能力得到大幅度提升，做到了"对内会管理、对外能诉讼"的要求，为培养复合型法律人才队伍奠定了坚实的基础。

二、取得"三强一高一严"素质提升好成果

政治上更"强"。全员素质提升活动开展以来，集团公司上下提高政治站位，把习近平新时代中国特色社会主义思想、习近平总书记最新重要讲话和指示批示精神作为学习的首要内容，深刻领会习近平总书记关于依法治国的重要论述，不断增强依法治企的责任感、使命感和紧迫感。集团公司党员干部的"四个意识"更加牢固，"四个自信"更加坚定，政治判断力、政治领悟力、政治执行力得到显著提升，为企业高质量发展提供了坚强的法治保障。

人才队伍更"强"。集团公司高度重视法治队伍建设，不断引进和培养优秀法律人才。法律合规部作为依法治企职能部门，始终坚持"内部法务+外部律师"相结合的法务工作思路，集团公司及二级单位均配备了专兼职法务人员，通过外聘法律顾问与专兼职法务人员相结合的方式，为企业提供专业的法律服务。2020年，聘请了省内具有一定影响力的13家律师事务所为集团公司及26家二级单位提供法律服务。2021年至2022年8月，经严格考核，淘汰了4家，目前由10家专业律师事务所为集团公司及所属子分公司提供服务。

担当精神更"强"。为了深入推动全员素质提升活动，切实增强法务人员的担当精神，集团公司建立了"统一管理、分类指导、分级负责"的管理流程，进一步靠实责任。配备专兼职法务人员全力跟进，切实完善法律事务"一案一档"管理制度，对重大纠纷案件经总经理办公会研究同意后，委托聘请的律师事务所按照专长分别委托代理。针对集团公司近年来历史遗留诉讼案件复杂疑难的现状，制定下发《窑街煤电集团有限公司法律风险防控管理办法》《窑街煤电集团有限公司诉讼与非诉讼案件管理办法》《窑街煤电集团有限公司全面风险管理实施办法》，有效提升依法维权能力。2021年，集团公司法律合规部联合外聘法律顾问和集团公司相关部门，共处理各类诉讼案件31件，其中，诉讼和执行案件29件，劳动争议仲裁案件2件；共结案17件，未结案件共14件；累计案值31615.19万元。通过采取有效法律风险防范措施，及时化解了矛盾和规避了风险。

工作标准更"高"。一是夯实基础，强化合同管理。督促相关部门不断规范完善合同评审、会签、审批等合同专项管理流程，从合法性、严谨性、完备性、风险性等各方面，对各单位申报的各类合同进行全面审核，与外聘法律顾问配合对合同进行审核并出具相关法律审核意见，制定、落实有针对性的合同风险防控应对措施，运用ERP合同管理信息系统审核、指导、监督各二级单位的合同管理工作。2021年，对重要合同审核修改329份，金额179113.48万元，共累计签订合同3769份，金额 1597555.25万元。二是严格法人授权管理，明晰集团公司法人授权，根据集团公司授权管理制度，对授权到期和工作调整的集团公司领导和分公司行政一把手按照合同管理办法的授权层级进行授权，严格授权权限和授权时限，确保各项授权工作有序进行。2021年，出具授权委托书119份，其中年度授权26份，办理临时授权64份，诉讼案件委托代理授权29份。三是强化全面风险管控，助推集团公司高质量发展。针对集团公司全面风险管理工作现状，在审计与风险控制委员会的领导下成立了全面风险管理工作机构，全力开展集团公司全面风险防控工作的安排与部署，分别形成《关于2020年度全面风险排查及全面风险管理评价的报告》《关于2021年重大风险排查及重大风险管理自我评价报告》《窑街煤电集团有限公司2022年度全面风险排查及全面风险管理自我评价报告》，对省政府国资委所列各项风险根据集团公司实际情况进行排查梳理，并运用定性与定量相结合的方法进行总体评估，各风险总体上处于中、低风险状态，皆属于可控风险。

作风纪律更"严"。结合全员素质提升活动，对照集团公司党委针对干部工作作风上存在的11个方面主要问题，要求全体法务人员采取自我对照的方法，逐项认领反思，制定有效措施，时刻以新时期好干部标准衡量和约束自己，从小事抓起、从点滴抓起，切实转变工作作风。定期组织全体法务人员认真学习《中国共产党纪律处分条例》《国有企业领导干部廉洁从业若干规定》等党纪法规，引导全体法务人员认真贯彻落实中央八项规定及其实施细则精神，牢记纪律底线，不断提高纪律规矩意识，把纪律要求转化为自觉遵循的新常态，营造了风清气正、干事创业的良好氛围。

三、在以案释法深化认识中走向未来

　　随着国家治理体系和治理能力现代化水平的不断提高，职工依法行权、依法维权的意识不断增强，加强法治建设，不断提升依法决策、依法经营的法治能力和水平已成为建设法治国企的必然要求。2014年至今，集团公司累计涉及诉讼案件620件，通过以案释法，结合工作实际，查找存在的问题，更有利于促进企业合规合法经营，提升依法治企水平。

　　案例指引——金河煤矿职工李某、任某、宋某与窑街煤电集团公司劳动争议纠纷案：原告三人均系金河煤矿职工，2008年李某因矽肺被鉴定为伤残7级，2010年任某、宋某被鉴定为伤残7级。工伤认定后，被告向原告发放了一次性伤残补助金，2014年1月三人被鉴定为矽肺伤残等级4级，3月份离岗。2015年2月12日，金河煤矿工伤职工李某、任某、宋某向红古区人民法院提起民事诉讼，请求责令被告集团公司按照工伤4级给付原告一次性伤残补助金；责令被告对原告的伤残津贴按照工伤4级评定前12个月数额上报医保局给付伤残津贴；责令被告向原告给付拖欠伤残津贴的银行利息。一审认定在同一工伤中，一次性伤残补助金只能享受一次且被告已经履行了工伤申报义务，伤残等级是按7级还是4级是社保部门的审核范畴，不属于民事案件受案范围，一审法院判决驳回原告的诉讼请求。2015年5月18日，三原告不服一审判决提起上诉，二审法院判决驳回上诉，维持原判。本案终结。

　　多年来，集团公司在提升全员法治素养层面做了大量工作，加强法治培训力度，积极引进优秀青年法学人才，持续加强法律纠纷案件的分析以及合同管理，确保"三项审核100%"，筑牢全面风险防控体系建设，取得了良好的成效，结合实际案例管理，得出以下几点启示：

　　首先，法治业务培训是提升法务人才素质的基本途径。夯基固本是高质量发展的必然要求，应牢牢把握法治体系建设正确方向，坚定不移走中国特色社会主义法治道路，法务人员更应当积极参加甘肃省国资委、甘肃省律师协会举办的各类法律法规培训，同时聘请专业性培训机构或者参加线上培训课程对法务人员进行专业化培训。通过多途径、多形式的培训，切实提高集团公司法务人员的专业素养，更好地为集团公司高质量发展提供法律服务。

其次，普及合同管理知识是防范企业法律风险的必要手段。严格执行规章制度、经济合同、重要决策法律审核制度，在确保100%审核率的同时，通过跟进采纳情况、完善后评估机制、反向查找工作不足，持续提升审核质量。严格按照《窑街煤电集团公司诉讼与非诉讼管理办法》《窑街煤电集团公司合同管理办法》、ERP 合同管理信息系统对合同进行管理，切实做到"一合同，一档案"，在合同管理上做到从源头上防范风险、在过程中掌控风险、在履行中应对风险，将风险做到可控，使合同管理精细化、规范化，切实加强合同动态管理。

第三，实操管控案件是转变法治思维的重要途径。通过专业培训，在加强团队协作的同时，需要加强与外聘法律顾问的合作，以团队式形式对案件进行分析、研判，切实提高对诉讼案件的研究、分析、判断，继续强化法律纠纷案件管理，完善案件倒查制度，及时对已结案件认真总结分析，厚植法治思维，持续加强提高应对处置诉讼的能力。

第四，储备法学人才是持续推进依法治企的根本保障。根据集团公司及二级单位实际需求，持续加大对法务人才的引进力度，加强青年法务工作人员的培养工作，积极着手为建立集团公司律师执业团队做人才储备，进一步提升企业依法决策、依法经营管理水平。

最后，完善风险防控体系是合规管理的终极目标。常态化开展风险隐患排查处置，针对共性风险，通过提示函、案件通报、法律意见书等形式及时开展预警，有效防范化解风险。不断建立健全集团公司全面风险防控体系，继续完善全方位、全员工、多层次风险防控体系，利用好风险防控的三道防线作用，切实做好"事前预防、事中控制、事后补救"，积极稳妥开展"合规管理"各项工作，使集团公司全面风险防控体系有效运转，真正达到全面风险防控的目的，为企业高质量发展保驾护航。

打造高素质复合型项目建设团队

窑街煤电集团有限公司规划发展部

近年来，窑街煤电集团公司规划发展部牢固树立"抓项目就是抓机遇抓发展，谋项目就是谋长远谋未来"的理念，坚持把重点项目建设作为促进集团公司高质量发展的重要突破口，立足自身产业优势和经济发展需求，注重在全力全速推进项目建设中提升全员素质，为企业夯实了生存根基、拓展了发展空间。

——坚持规划先行，在完善功能布局中提升全员素质。主动融入"一带一路"建设、新时代新一轮西部大开发新格局、黄河流域生态保护和高质量发展等国家重大战略，深刻领会、用好用活党中央深入推进"六稳""六保"工作任务、构建国内国际"双循环"新发展格局和省委省政府"拓存创增"等政策措施，认真学习国家"十四五"能源产业发展规划、甘肃省"十四五"能源发展规划、甘肃能化集团"十四五"发展规划等相关战略决策，聘请知名专家、教授对规划发展部门相关人员进行战略意识、战略导向、战略流程以及战略规划等基础知识的专题培训，让参与起草集团公司"十四五"战略规划的人员熟悉规划编制流程和国际、国内煤炭行业基本情况，培养战略规划从业人员谋划企业发展的战略思维能力。经过相关院所专家指导以及前期充分调查研究，规划发展部全体干部职工紧紧围绕集团公司发展实际，超前谋划、统筹规划、深入调研、科学研判，精心组织，历时两年时间，在全面分析企业现状、深入研究课题、认真谋划和论证重大项目及重大改革举措的基础上，紧扣企业战略定位、目标愿景、"五个转变"发展思路和"十大行动"实施路径，系统谋划提出了"十四五"发展思路（即"1236"发展思路），描绘出了一幅组织迫切期待、企业梦寐以求、职工心驰向往的发展蓝图。截至目前，列入"十四五"规划的22个项目，已落地实施12项，实施或完成率达到54.55%。

——创新管理机制，在探索突破创新中提升全员素质。按照"储备项目抓前期、前期项目抓落地、落地项目抓开工、开工项目抓推进、推进项目抓竣工、竣工项目抓投产"的原则，狠抓建设项目从决策、设计、实施到竣工投产的前期培训和投资流程培训，从管理机制上，先后制定完善了窑街煤电集团公司《关于进一步加强设计审查规范招投标管理有关问题的实施意见》《投资项目后评价实施细则》《项目储备管理办法》等制度。从加强综合协调调度、召开项目建设现场会、联合检查验收考核、签订项目建设责任书、重点项目开工约谈、项目进度和质量考核等措施入手，不断健全完善管理机制，有效形成闭环的责任体系和责任链条，为项目建设达到规划预期提供了保障。同时，结合工作中存在的疑难问题，有针对性地进行现场培训指导；对一时不能解决的问题，通过选派业务能力强、工作水平高、实践经验丰富的管理人员下基层、进驻项目单位，分析指导解决相关单位在项目建设中存在的困难和问题，有效提升了从业人员的工作质量和服务效率。近三年来，牵头举办项目投资流程专业培训班40余场次，精心组织24个可研项目，深入推进落实14个重点工程建设项目，包括通过引入外部资本和战略投资者合作模式，有序谋划推进窑街低热值燃料综合利用热电（2×350MW）项目、海窑矿区500MW源网荷储一体化项目、肃北矿区2GW光伏+200MW风电项目等新能源项目、窑街矿区总体规划项目、永登大有矿区规划项目，为推动集团公司转型发展和高质量发展发挥了重要的组织协调作用。

——强化要素保障，在助推项目建设中提升全员素质。自2022年集团公司项目建设招投标管理下放基层单位后，针对各单位项目招投标存在问题、项目建设程序不规范等现象，集团公司规划发展部通过邀请省内知名专家举办招投标管理讲座、项目建设业务知识培训班、项目建设季度调度会、下基层项目建设专项检查指导等方式，结合相关工程项目建设法律法规及集团公司实际案例培训，让全公司项目建设管理人员深刻意识到工程项目建设程序规范化工作任务艰巨、意义重大。在今后工程项目建设中，必须严格规范招投标行为，切实加强工程质量和施工安全监管，加强工程建设资金监管，加大廉政风险防控力度，保证工程建设依法合规进行，把工程项目建成优质工程、安全工程、廉洁工程、民心工程，使其发挥出更好的经济社会效益。经过集团公司广大项目建设管理人员认真贯彻落实省委省政府关于培育壮大新能源产业链以及深入对接落实与中央企业合作、加快河西走廊清洁能源基地建设等政策要求，凭借集团公司大量土地资源，拥有工业园区和内部电网等自身优势，积极向甘肃省发改委申请新能源项目建设指标，积极与中国华能甘肃公司、国家能源甘肃公司等央企开展新能源发展合作，设计年产440万吨的酒泉肃北红沙梁露天矿已经开始出煤、25500KVA矿热炉点火投产、西北首家煤层气作为锅炉燃料在海石湾煤矿点火成功，瓦斯治理"窑街模式"初见成效，将地面煤矸石和工业建筑垃圾充填井下的三矿冲击地压综合防治项目"三下"急倾斜煤层膏体充填开采项目初步建成，油页岩半焦产业化高值利用进入试生产，窑街矿区光伏+采煤沉陷区治理新能源项目、光伏+生态（防风治沙）农业、电动重卡运输等"源网荷储"一体化发展模式正在全面布局，主辅产业集成高效、良性互动、协同发展的新格局正在加速形成。在"十四五"末，新能源项目总装机容量有望达到5700MW以上，产气达到9亿m^3以上。

战略得当，未来才能行稳致远。集团公司规划发展部将坚持贯彻"三新一高"战略，不断提升项目建设管理人员全员素质，运用系统科学、系统思维、系统方法研究解决集团公司发展问题，既要抓好当前又要谋划长远，强化需求对接，强化改革创新，强化资源整合。既要关注集团公司大战略，为集团公司顶层设计做好调研论证，又要关注"小落点"，抓细抓好抓实目前项目建设，为集团公司高质量发展做出更大贡献。

立足职工成长　服务职工成才

窑街煤电集团有限公司工会

推动企业高质量全面发展，接续建成"百年窑街煤电"，既需要高技术领军人才，也需要把广大职工都培养成高技能人才。基于以上认识，窑街煤电集团有限公司工会认真学习宣传贯彻习近平总书记关于技能人才工作的重要指示精神，聚焦培育打造"有理想守信念、懂技术会创新、敢担当讲奉献"的高素质职工队伍，大力推进职工素质提升育才工程，教育引导广大职工走技能成才、技能强企、技能报国之路。

一、强化思想引领，培育打造"有理想守信念"的职工队伍

思想是行动的先导。集团公司各级工会组织注重在强化思想引领、宣传教育、民主管理中不断提高职工政治素养，努力培育打造"有理想守信念"的职工队伍。

（一）注重在思想引领中强化理想信念。无论是学习宣传习近平新时代中国特色社会主义思想，还是贯彻落实党的十九大和十九届历次全会精神；无论是开展工会系统"不忘初心、牢记使命"主题教育、党史学习教育，还是宣讲上级政策、企业形势任务，集团公司工会始终以"听党话、感党恩、跟党走"为主题，以"中国梦·劳动美——永远跟党走、奋进新征程"为主基调，以在企业高质量全面发展新征途上引导职工群众认清自己的主人翁地位、发挥好主力军作用为落脚点，引起了职工思想上、情感上对逐圆"窑煤梦""陇原梦""中国梦"的强烈共鸣。广大职工深刻认识到，今天的幸福生活是中国共产党带来的、给予的，从内心深处拥护"两个确立"、自觉践行"两个维护"。强企报国的理想信念赋予岗位工作时代内涵，以强烈的使命感、责任感投入到火热的安全生产实践中，滚滚"乌金"温暖千座城、点亮万家灯。

（二）注重在宣传教育中强化理想信念。群众性文体活动是企业文化建设的重要内容和重要载体，承载着教育引导、激励鼓舞、审美陶冶、传播辐射等使命。聚焦传承弘扬"自主创新办矿、奉献精神育人"企业精神，全公司各级工会干部主动放弃节假日，坚守在聚焦一线职工的镜头前、构思完善文案的深夜里、紧张排练节目的现场上，尽心竭力把散落在职工群众中的智慧，总结创作编导为以社会主义核心价值观为统领、以职工为主角的文艺汇演、劳模先进事迹巡回宣讲报告会、运动会等文体活动，转化为广大职工在平凡岗位上勤学苦练强企报国的强大动力，在持续提高职工身心健康和文化水平的同时，在全公司奏响了"开采光明、传承文明"的优美乐章。在体现当代窑街煤电职工精神风貌和价值取向劳模工匠先进事迹的感召下，"扎根煤海一线，争做最美奋斗者"成为广大职工的共识；在2021年省政府国资委主办的文艺演出中，集团公司工会干部创作编排并参演的诗朗诵——《致敬！中国国企》，引起了全省百万产业工人的强烈共鸣，大家从中华人民共和国成立半个世纪国企发展历程中感悟到要为实现中华民族伟大复兴的中国梦不懈奋斗，始终做坚持中国道路的柱石、弘扬中国精神的楷模、凝聚中国力量的中坚。

（三）注重在民主管理中强化理想信念。不断发展全过程的企业民主管理，是更好地凝聚智慧力量，推进企业治理体系和治理能力现代化的重要内容。每年筹备召开职代会会前，工会干部书面征集并认真督办职工代表广泛征求职工群众意见建议、深度思考企业未来发展形成的提案，着力推动企业将凝结着职工代表辛劳、智慧的意见建议融入决策制定、制度出台和落实过程中；会上，组织几百名职工代表共商企业改革发展大计、共议民生热点问题、民主评议集团公司领导班子和成员，集团公司领导当面倾听意见建议，职工所思所盼有效融入企业改革发展顶层设计和班子建设；会后，组织职工代表带头学习宣贯职代会精神，带着职工群众的期盼和嘱托参加巡视活动，带动周围职工积极参与合理化建议征集和司务、矿务、队务、班务公开等民主管理活动，有力推动集团公司"十四五"发展战略规划、改革方案、年度目标、重点工作等重大部署更好地贯彻落实。在企业民主管理制度优势、职工群众集体智慧转化为企业治理效能的同时，职工群众的民主法治意识、参政议政能力也在稳步提升。

二、发挥平台作用，培育打造"懂技术会创新"的职工队伍

持之以恒的学习和实践，是职工成长成才的根本途径。集团公司各级工会组织积极构建基本技能培育、竞赛考核检验、创新创效提升"三位一体"职工技能素质形成与提升体系，引导职工学思践悟、持续专注、开拓创新，努力培育打造"懂技术会创新"的职工队伍。

（一）坚持源头培养，搭建技能教学培训平台。督导基层分会发挥班组源头培养作用，着力提升职工岗位基本技能。补短板，组织责任心强、技能水平高、实践经验丰富的熟练技工与新工人结对签订导师带徒协议，通过师傅的言传身教，缩短新工人融入班组、适应安全生产环境的周期；持续开展每日一题、每周一课、每月一考、每季一评教育培训活动，引导低学历职工每天班前会前认真记写学习笔记、考取学历证书、晋升技能等级，来自农村等地的职工在循环往复的学习实践中逐渐适应了企业机械化、自动化、智能化、信息化的发展需求。抓关键，督导各生产单位落实"三联审、五公开、一上墙"制度，深化"职工小家"建设，推动"和谐型"班组建设提质增效，助力"学习型""安全型"班组全面深入推进，广大职工在全员轮值管理体验式培训中对换位思考有了更深的认识，逻辑分析表达、现场组织协调等能力和流程管控、标准化作业意识稳步提升。促常态，设立专项资金，因地制宜推进集团公司级、省级和国家级工会"职工书屋"示范点和"便利型职工阅读站（点）、劳模书架"建设，依托《窑煤职工之家》、全国总工会《学习强会》等线上平台组织职工参加集中培训、专题培训，组织机关采掘、机运、通防等生产系统部室分会技术人才走上讲台精准施训，大专以上高学历职工很快适应了企业"四化"发展需求。2019年以来，全公司32名职工晋升为初、中、高级工和技师，几十名职工迅速成长为班组长、区队长。

（二）坚持深度培养，搭建技艺传承竞赛平台。发挥阶梯式竞赛平台发掘、锻造、打磨、雕琢的作用，着力缩短技能人才培养周期。通过督导各分会组织车间班组在硐室机房、掘进工作面等地分散开展"短平快"的岗位练兵、技术比武、提质增效活动，厚植学技研艺群众基础；督导各分会深化"三比三争"（比技术、争一流，比作风、争最佳，比效益、争贡献）竞赛，大力培育具备学习潜能的职工；组织各生产单位举办矿级职工岗位技能大赛，每年开展10余个工种的实操培训和配套理论知识培训，积极培育能够独当一面的技术能手；举办集团公司职工岗位技能大赛、劳动竞赛、"安康杯"竞赛，选拔技术尖子参加全国煤炭行业职业技能竞赛、省级产业（系统）技能竞赛，广泛动员各单位技术能手深学理论、互鉴互学、开拓眼界，选拔培育能够潜心研学的技能骨干。从竞赛方案设计、组建机构，到理论考试、实操评比，再到阅卷公示、表彰晋级，历经"班组—区队—矿—公司"四级梯级竞赛体系半年以上的锤炼，让更多的职工参与到不同层次的竞赛项目，既锻炼了职工队伍，也激发了广大职工的学习热情，助力培育更多的能工巧匠。2019年以来，全公司涌现出甘肃省技术标兵和岗位能手114名，集团公司技术标兵363名。

（三）坚持靶向培养，搭建技术突破双创平台。紧盯智慧矿山建设、大数据和"云计算"等现代信息技术应用、矿井"四化"建设等关键领域，以劳模挂帅、高技能人才为骨干、技术能手为基础组队创建劳模（技能大师）创新工作室，搭建"头脑风暴"创新平台，推动迸发的灵感、创意转化为现实生产力，特别是围绕煤矿电气设备疑难故障、综采工作面自动化控制技术难点等"卡脖子"问题，每月组织企业高技能人才领衔举办实操技术研讨交流活动，助力技能人才不断向技术创新与应用的广度和深度进军，带动基层分会主动抱团创建技能创新工作室，推动技术攻关、技术革新、发明创造等群众性经济技术创新创效活动蓬勃开展。窑煤工匠谢勇、李得全等典型的先进思想、工作经验、技术成果正在逐步转化为广大职工驾驭智能化综采、综掘、运输、瓦斯抽采等设备的技能优势。2019年以来，国家级技能大师张国财和集团公司首席技师谢勇等努力发挥示范引领作用，积极开展以老带新、师徒结对活动，以他们领衔的创新工作室坚持搭建创新争效、培训交流和先模推广平台，成为解决生产难题的"攻坚站"，职工技能学习的"充电站"，团队累计完成技术攻关51项，培育各类技能标兵、骨干能手31人；集团公司建成国家级技能大师工作室1个、企业级创新工作室2个，3个企业级创新工作室的创建工作正在有序推进；《矿井暖风机无人值守自动化控制系统设计应用》《高低压变频器维修》等多项职工经济创新成果在全公司得到广泛应用，在大幅降低职工劳动强度、提高劳动效率和安全保障能力的同时，为企业创造直接经济效益330余万元。

三、落实激励举措，培育打造"敢担当讲奉献"的职工队伍

全公司各级工会组织激励职工在立足岗位施展才华、体现价值的同时，切实让职工精神得到满足、收入得到提高，引导职工将理想抱负融入接续建成"百年窑街煤电"新征程，努力培育打造"敢担当讲奉献"的职工队伍。

（一）激励职工成才重在落实政治待遇。精神激励是满足技能人才的更高追求，重点是给予技能人才尊重和荣誉。2019年以来，集团公司具有劳动精神、劳模精神、工匠精神的职工均当选为职工代表、会员代表和各类先进，其中：一线劳模和技能人才在集团公司各级职代会代表、工代会代表中占20%以上，在集团公司工会第十届委员会29名委员中占35%以上，在集团公司工会第十届委员会9名常委中占22%以上，在集团公司各类荣誉评选中占40%以上，劳模、技能人才已成为全公司最受尊敬的群体。每年组织评选并由集团公司领导授奖表彰劳模、技能人才等先进典型，隆重筹办集团公司劳模工匠先进事迹巡回报告会，在"窑煤职工之家"微信公众服务号等平台专题刊发他们成长成才的感人事迹，优先推荐集团公司各类竞赛中取得优异成绩的劳模、技能人才申报省部级和国家级劳动模范、窑煤工匠、技能大师等荣誉称号，并在评审聘用、培训疗养、评先选优等方面给予倾斜，劳模、技能人才成为千里矿区最美的"风景线"。

（二）激励职工成才重在落实经济待遇。物质激励是建强技能人才队伍的根本，核心是提高技能人才收入水平。2019年以来，每年组织一次性奖励集团公司劳模1.5万元、矿劳模0.4万元，分别占职工年均收入的17%、5%；在奖励集团公司职工岗位技能大赛各工种1~3名1500元、1000元、500元，按程序分别推荐申报甘肃省"技术标兵"、集团公司"技术标兵"荣誉称号的同时，奖励其余参赛选手200元；投入11.9万元，表彰近5年征集评选的58项优秀职工经济技术创新成果，组织企业高技能人才等先进典型免费健康体检、分批赴苏州等地疗休养，"知识改变命运、技能成就未来"的理念在全公司已深入人心。

（三）激励职工成才重在始终关心关爱。关心关爱是建强技能人才队伍的重要内容，关键是共建共享普惠服务职工。深入开展群建协管工作、疫情防控志愿服务活动，常态化开展"十送""十到家""十到一线""春送吉祥、夏送清凉、秋送助学、冬送温暖"普惠服务活动，监督落实职业卫生、劳动用工、劳动保护、职业病防治和健康体检等职工权益，督促强化"两堂一舍"建设，推动购买"金城·惠医保"普惠性商业医疗保险、职工通勤车补助、职工浴池改造、法律咨询服务等实事好事落地落实，大力创建规范型、学习型、创新型、和谐型、温暖型、安康型职工之家，努力让职工快乐工作、幸福生活，团结激励了更多技能人才投身到为企业高质量全面发展奋斗的火热实践中。2019年以来，全公司涌现出"全国五一劳动奖章"获得者张其堂、"全国'安康杯'竞赛优胜单位"——海石湾煤矿、"全国模范职工小家"——天祝煤业公司综采一队、"全国五一巾帼标兵岗"、"甘肃省五一巾帼奖"——天祝煤业公司运输队绞车班、"甘肃省劳动模范"马明礼、"甘肃省创新型班组"——金河煤矿掘进二队三班、"甘肃省'安康杯'竞赛示范班组"——金河煤矿综采一队三班等先进典型。

让青年职工在学习锻炼中健康成长

窑街煤电集团有限公司团委

窑街煤电集团有限公司团委坚持以习近平新时代中国特色社会主义思想为指导，积极探索推进青年职工培训教育"123"模式，努力开创窑街煤电共青团素质提升工作新局面，为促进企业高质量发展培育了接续力量。

——"1"个宗旨抓引领，开辟铸魂强根新局面

擎好党史传承"精神旗"。集团公司团委依托甘肃丰富红色资源，广泛开展"学党史、强信念、跟党走"党史学习教育和沉浸式红色教育主题团日等活动，分批次组织80余名基层团干部和优秀青年团员前往会宁县红军会师旧址、哈达铺红军长征纪念馆开展研学活动，观看红色影片《长津湖》等500余人次，用好用活红色资源，赓续精神血脉，引导青年团员自觉做红色信仰的传承者、宣传者、践行者，努力续写窑街煤电人的精神故事。

上好思想引领"必修课"。集团公司团委坚持把学习习近平新时代中国特色社会主义思想和党的十九大、团的十八大精神作为首要政治任务，按照《甘肃共青团关于建立团干部直接联系青年制度的实施方案》，1名团干部直接联系青年团员100名，为青年职工的思想政治教育打好基础。通过基层报告会等形式，深入学习研讨习近平总书记在庆祝建党100周年大会上的重要讲话精神，基本做到了团支部全覆盖（76场次）、青年团员全参与（1835人次），青年职工思想政治培训教育工作参与人数有了新突破、培训质效有了新提升。

用好青年典型"关键招"。集团公司团委通过积极利用宣传栏、微信、QQ群、抖音等媒介对青年模范典型事迹广泛宣传，营造崇尚先进、学习先进、争当先进的良好氛围。通过团干部培训班、青年团员座谈会等形式，不

断加强团干部的理论修养和综合能力，将青年团员紧紧聚拢在团组织周围。在微信公众号开通团干部自画像专栏，主动引导团干部亮身份、强引领，不断强化团干部责任意识和担当意识，李向阳、吴金、柳亚娟、何洁等一批理论实践双突出的优秀团干部脱颖而出。通过组织新入职大学生职工在天祝矿区和海窑矿区参观交流学习活动、谈心谈话、问卷调查等方式，了解把握青年思想需求，服务青年成长成才，激发了新入职大学生职工扎根窑煤、奉献青春、岗位成才的决心和热情。涌现出甘肃省脱贫攻坚"青年榜样"1名、甘肃省"优秀共青团干部"5名、全国煤炭行业"优秀共青团干部"6名。

——"2"种课程抓贯彻，推动学习教育全覆盖

线下"精品课"学习强信念。集团公司团委引领青年团员深入学习贯彻习近平新时代中国特色社会主义思想、党的十九大及历次全会精神、习近平总书记重要讲话和指示批示精神，不断深化"青春铸魂"工程，举办主题知识竞赛，"听党话、跟党走、报党恩"主题演讲比赛等一系列"沉浸式""情景式"学习教育活动，组织青年团员学习党的十九届六中全会精神专题学习会75场次，参与青年团员2600余人次，凸显团的政治功能，不断增进青年团员的政治认同、思想认同和情感认同。

线上"网络课"学习齐参与。集团公司团委引导青年团员利用"碎片化"时间进行学习，运用新媒体平台寓教于乐，以图文、音视频等青年喜爱的形式推送相关学习教育内容。通过"青年大学习"网上主题团课、线上知识竞赛等形式，组织青年团员深入学习贯彻习近平新时代中国特色社会主义思想，累计参与13.57万人次，激发了青年职工学习热情。涌现出甘肃省"优秀共青团员"4名、全国煤炭行业"优秀共青团员"3名。

——"3"项措施显成效，围绕中心主业强本领

开展安全生产培训，强青年担当之责。集团公司团委坚持"党建带团建""服务中心工作不偏离"，探索推进团建融入安全生产经营典型创建活动，谋划开展青春建功"十四五"行动，推动青年安全生产示范岗创建、

青年突击队、青年文明号、青年岗位能手等品牌活动有机融入企业中心工作。各级团组织积极开展"青春建功窑煤梦，青安岗员在行动""青春助推安全月"《煤矿安全规程》知识竞赛、安全承诺书、安全演讲、安全签名等安全文化主题教育活动，进一步增强了青年团员的安全意识，促进了企业安全发展。三矿大学生职工杨皓致力研究破解矿井防治煤与CO_2突出重点技术难题，成长为矿井"一通三防"方面技术专家；在生产一线打拼磨砺，独立完成大小设计上百份，参与编制矿井5年采掘接续、矿井采掘布局计划的骨干技术员党科科等先进青年事迹在千里矿区广为传颂。通过三年来对青年职工安全培训，全公司青年职工安全意识明显增强，安全素质不断提升，"三违"率逐年下降，创建全国青年安全生产示范岗1个、甘肃省青年安全生产示范岗3个。

强化技能技艺培训，助青年成长之势。集团公司团委通过"五小攻关"行动、"寻差距、补短板、助生产"主题座谈等载体，积极引导青年团员投身技术创新，助力挖潜增效，进一步加快了企业技能人才梯队建设，涌现出一批像闵圆这样通过电气技术改造节能提质、荣获窑街煤电集团公司职工经济技术创新成果二等奖的青年模范。紧密结合集团公司全员素质提升工程，把青工素质提升作为服务青年团员的切入点，大力开展技能培训、导师带徒、岗位练兵、技术比武，引导鼓励600余名青工参加集团公司技能大赛，81名青工荣获"甘肃省技术标兵"称号，增强了青年团员学习新知识、掌握新技术、应用新方法的自觉性；组织20余名优秀青年选手参加"振兴杯"暨全省青年职业技能大赛，10人荣获"甘肃省青年岗位能手"称号，首席技能专家三矿张国财获得"甘肃省青年五四奖章"荣誉称号。

打造志愿服务平台，聚青年爱心之力。集团公司团委坚持开展"夏送清凉、冬送温暖""青情慰问保安全""环境整治在行动、绿化清扫暖人心""我为群众办实事——团青在行动""全员抗疫、青年先行"等系列志愿服务活动，让团旗在志愿服务一线高高飘扬，雷锋精神成为新风尚，雷锋行动形成新常态，激发了广大青年责任感和使命感，展现了新一代窑煤青年崭新风貌。天祝煤业公司的巴其如秉承"奉献、友爱、互助、进步"的志愿者服务精神，忙碌于矿区各类志愿服务活动点，在全力构建文明和谐矿区环境中发挥自己的光和热。三年间涌现出中国青年志愿者优秀个人1名、甘肃省青年志愿者优秀组织奖1项、甘肃省青年志愿者优秀个人1名、甘肃省优秀抗疫青年志愿者1名。

道阻且长，虽远必达；心之所向，行必能至。下阶段，窑街煤电集团公司团委将继续坚持搭平台、夯基础、勤耕耘、重培养，使青年团员深受教育、团干部提高素质、团组织增强活力，将精神素养、能力提升"源动力"转化为建功实践的"新动能"。

提升全员素质　赋能企业发展

窑街煤电集团有限公司海石湾煤矿

海石湾煤矿是窑街煤电集团有限公司主力生产矿井之一，也是煤与CO_2突出、油气、冲击地压、煤层自然发火等多灾害叠加的矿井。近年来，海石湾煤矿坚持以习近平新时代中国特色社会主义思想为指引，按照集团公司"五个转变"发展思路和高质量发展"十大行动"要求，立足于全面加速创建安全、高效、绿色、品牌同行业一流标杆矿井，始终把提升全员素质作为事关企业生存发展的基础工程和系统工程，坚持在强力推进体系建设、搭建载体精准施训、多措并举探索创新中着力提升全员素质，为实现高质量发展目标奠定了坚实基础。

一、坚持在强力推进体系建设中提高全员素质

职工素质提升工作体系是企业管理体系和管理能力建设的基本组成部分。强化全员素质提升工作责任体系建设、考核激励体系建设、流程管控体系建设，是推进矿井管理体系和管理能力现代化的重要支撑。

（一）强化工作责任体系建设。健全完善素质提升工作责任体系，既是全矿高质量发展紧迫的现实需求，也是长远的战略任务。一是构建党管培训体系。矿专门成立以党委书记任组长、其他班子成员为副组长的全员素质提升工作领导小组，坚持把全员素质提升工作纳入矿党委研究的重要事项，列为矿年度重点工作，定期召开矿党委会研究解决全员素质提升工作中存在的问题，着力推动全员素质提升工作与企业安全生产、经营管理、党建等工作同步谋划、同步安排、同步落实。二是构建五级责任体系。明确矿党委书记、班子成员、副总工程师、素质提升中心等机关各部室、区队主要负责人以及班组长等分别承担的培训教育职责，健全完善"矿集中培训、部室系统

培训、区队岗位培训、班组现场培训和个人自主培训"相结合的横向到边、纵向到底的"五级"培训责任工作体系，推行培训教育工作层级负责制，形成了矿党政主要领导负总责、分管领导抓系统、职能部门和基层单位抓落实的各司其职、齐抓共管的职工素质提升工作体系。三是构建制度保障体系。结合矿井安全生产实际，制定海石湾煤矿《职工安全培训教育管理制度》《抽考管理办法》《专兼职教师考核办法》等7项培训教育管理制度，细化了年度、季度、月度素质提升工作计划，通过层层分解落实培训任务、及时跟进更新教材、坚持每周四在矿安办会通报培训工作督办情况等举措，推动全矿素质提升工作规范化、标准化有序进行。

（二）强化考核激励体系建设。健全完善并严格落实考核激励机制，是抓实抓细全员素质提升工作的关键。一是以目标管理为导向。始终把全员素质提升工作纳入矿党委工作目标管理考核，坚持部室、区队落实每周（周二和周五下午）2次业务知识学习和星期五安全学习日制度，开展自主培训、班组自训、职工自学、导师带徒、职工参训考试、技术比武等活动的考核结果与月度工资考核挂钩，着力引导推动矿、业务部室、区队、班组、个人落实"五级"素质提升工作责任。二是以制度刚性为底线。按矿责任追究制度追查处理培训教育工作不落实、"三项岗位人员"持证率不达标或培训教育不到位的主管责任人，通报批评培训教育工作不积极、敷衍塞责、落实不力、考核得分低于90分的部室、区队和责任人，约谈问责培训教育工作滞后、不推不动的单位责任人，倒逼全矿上下逐级落实素质提升工作责任。三是以薪酬考核为基础。在严格落实技能水平、技术能力、品牌课程、培训工资、职工学历、风险隐患"六项培训产品"收购办法的基础上，推行"5221"薪酬管理考核机制（即：月度工资中经营考核占50%，安全考核占20%，安全生产标准化管理体系建设考核占20%，职工素质提升考核占10%），通过每月将各部室、区队职工工资总额的10%切块进行培训市场化考核，将考核分项细化为政工经营部室、生产部室、采掘井辅区队、地面区队"四大板块"，引导各部室和区队抓实抓细培训方案计划落实、提升全员培训考试实效、做好师带徒和新职工三级培训、推进培训档案信息化等基础工作；通过坚持集中抽考"以考定薪"制度，注重将科队级干部、一般管理人员、职工当月学习成效和抽考成绩直观量化为培训工资兑现标准，坚决推翻了部分职工学与不学一个样、学好学坏一个样的错误认识。

（三）强化流程管控体系建设。流程管控是推进全员素质提升工作的基础，把好"五关"是改进提高全员素质提升工作质效的重要支撑。一是严把计划落实关。各部室、区队每月申报月度自主培训计划，经分管矿领导审核签字后自行组织实施，矿素质提升中心跟踪考核自主培训情况，扣减月度职工安全培训素质提升考核中完不成计划任务的部室、区队相应分值，努力提升月度培训计划的精准度和实效性。二是严把学习管理关。认真落实矿培训学员日常考核制度，对无故不参加培训、培训后考核不合格人员比照"三违"论处，推动全体职工高度重视、认真对待日常培训学习。三是严把培训考试关。严格按照"教考分离"要求，每月对各级管理人员、职工进行月度集中抽考，以考定薪，坚决避免替考、漏考等不良现象的发生。四是严把办证发放关。坚持培训考试成绩不合格不发证、不准上岗作业制度，坚决做到培训通知单、学习培训签名单、学习考核成绩单、教学效果检验单、授课教案单"五单合一"，确保所有资料齐全符合规定且检验现场实操合格后方可办证，持续提升"小工种"培训质效。五是严把档案管理关。强化纸质档案管理，坚持所有入矿人员培训档案"一人一档"制度，以书面形式翔实反映职工的学历、工作经历、培训记录、奖惩情况等资料；强化电子档案管理，编制档案管理程序，坚持把职工学习培训情况存入电脑独立的表格系统，便于随时查询掌握职工受训基础资料。2020年以来，全矿全员培训覆盖率达100%，培训合格率达100%，"三项岗位"人员持证上岗率达100%。

二、坚持在分层分类精准施训中提高全员素质

针对不同群体的职工，分层分类提升全员道德素质、文化素质、劳动素质，是推进矿井管理体系和管理能力现代化的重要基础。

（一）注重提高全员职业道德素质。道德素质是职工遵纪守规、团结友爱的基础。一是深化理想信念教育。深入开展"中国梦·劳动美"和社会公德、职业道德、家庭美德、个人品德教育等群众性主题宣教活动，教育引导干部职工把思想和行动统一到习近平总书记重要讲话和指示批示精神上来，坚决贯彻落实党中央、省委决策部署和集团公司、矿工作要求，在全矿高质量发展征程中奋勇争先、建功立业。二是厚植企业精神沃土。结合常态化疫情防控、安全生产等工作实际，持续开展企业形势任务宣讲，通过筹办春节灯展、拔河赛、篮球赛、文艺演出等职工喜闻乐见的文体活动，教育引导干部职工传承弘扬"自主创新办矿、奉献精神育人"的企业精神，争做讲文明、懂礼貌、树新风的时代新人，为创建同行业一流标杆矿井接续奋斗。三是弘扬劳模工匠精神。加大劳模、工匠先进事迹挖掘和推介力度，加大"工人先锋号"、劳模（技能大师）创新工作室创建力度，持续开展"劳模上讲台""先进进课堂""人人当讲师"等系列活动，推行"菜单式"培训，通过为职工定制个性化课程，组织劳模工匠、技术能手、生产骨干等手把手传帮带，推动技术攻关、技术革新、发明创造、合理化建议征集实施等群众性经济技术创新创效活动蓬勃开展，努力让劳模、工匠等典型的先进思想、经验、技术转化为职工群体的技能优势。2020年以来，全矿涌现出"陕煤杯"全国煤炭行业职业技能竞赛（国家级二类竞赛）电工三等奖获得者1名、"甘肃省技术标兵和能手"24名、"集团公司技术标兵"22名。

（二）注重提高全员文化知识素质。文化素质是职工学习新知识、新技能的基础。一是常态促学。坚持"每日一题、每周一课、每月一考、每季一评"、每周2次业务知识学习和星期五安全学习日基本培训制度，持续引导职工树牢终身学习的意识。二是引导促学。落实学习收购制度，全额落实收购学历提升相关费用，引导广大职工参加继续教育、提高学历；加大《民法典》《安全生产法》《劳动法》等法律法规的宣传力度，通过举办知识竞赛、授课培训、心理疏导、警示教育等活动，在潜移默化中教育职工遵规守纪。2020年以来，全矿146名职工参加了学历提升教育。目前，全矿技校、大专及以上学历职工651名，占职工总数的29.34%。三是专项促学。协调红古区图书馆为全体职工办理读书卡，精心组织开展全民阅读、经典诵读、读书分享、主题征文等专项活动，积极为职工学习文化知识、提高学习能力创造良好条件。目前，在红古区图书馆阅读经典、借阅资料已逐渐成为职工中的新风尚。

（三）注重提高全员劳动技能素质。劳动技能素质是职工履职尽责、体现价值的基础。一是提升新工人综合素养。注重新入职职工岗前技能培训，以安全技术措施、作业规程、安全操作规程及岗位应知应会应防等知识为主，推动区队组织培训各工种安全职责、操作技能及工作标准、应急装备使用、应急救援处置、创伤急救和避险逃生等知识，推动新入职职工短期内快速提升劳动技能。二是提升职工安全素养。严格落实"五级"垂直培训制度，按照"干什么、学什么""缺什么、补什么""管什么、懂什么"的要求，针对新工人、一般岗位人员、特种作业人员、班组长等不同群体开展理念灌输、行为规范、危险预知、危害辨识、操作技能及检修维护等方面的培训教育，着力提升职工"应知应会应防"基本技能。三是提升职工职业素养。深化劳动竞赛和职工岗位技能大赛，以规范落实"手指口述"、"岗位描述"、安全评估、岗位创效操作法为抓手和先导，持续推行"6S"管理模式（整理、清洁、标准化、素养、安全、效益），职工日常行为逐渐规范、职业素养稳步提升。2020年以来，组织343期70116人次安全培训，新入矿职工岗前安全培训均为72学时以上并经过三级安全培训教育且考核合格，职工特别是新工人"三违"现象呈逐年下降趋势。

三、坚持在多措并举探索创新中提高全员素质

企业的发展和进步，需要切合实际不断创新。坚持以企业文化建设为载体，注重在潜移默化中教育引导职工提升综合素养的基础上，坚决落实集团公司全员素质提升工作要求，结合矿井安全生产实际探索创新培训教育方式方法，是推进矿井管理体系和管理能力现代化的重要举措。

（一）建塑企业文化聚合力。建塑企业文化，是增强职工凝聚力和企业竞争力、推动企业高质量发展的根本战略。一是线上聚力。结合职工队伍思想活跃度高、精神文化需求迫切、利益诉求多元的实际和分众化、差异化的传播趋势，注重发挥"活力海矿"微信公众服务号、广播、电子屏、专题会议、内刊、抖音号、标语条幅、专栏等全员培训"八大宣传载体"作用，努力提高运用互联网组织、宣传、引导、服务职工群众的能力。二是线下聚力。坚持在全矿各党支部、班组建立宣讲联络点，采取集中教育、分类宣讲与发动职工有机结合等方式，定期举办职工家属交流座谈会，每月开展"进一线、访基层、树典型、鼓士气"采访活动，建立家庭和企业联系制度，深入开展"亲人寄语""安全家书""接亲人回家""春送祝福、夏送清凉、金秋助学、冬送温暖"等活动，持续引导职工爱岗敬业、提升自身价值。三是同向聚力。坚持将区队楼、车间、井下、职工集中工作场所和新媒体平台等打造成为全员素质提升的阵地，在大力构建"井上井下""网上网下"文化，建塑"一条龙""全矩阵"全员素质提升企业文化园地的基础上，主动加强与红古区文体中心的交流与合作，不断拓展延伸全员素质提升阵地。2020年以来，全矿编印形势任务宣传提纲65期、挖掘"海矿之星"32人次、矿领导、部室长和政工人员进区队宣讲80余次、QQ群与微信群累计发表文章800余篇、举办团建活动38次，全面加速创建同行业一流标杆企业已成为全矿上下的共识。

（二）落实"规定动作"不走样。全面落实集团公司工作部署和要求，是有序推进全员素质提升工作的基础。一是强化党员干部培训教育。每月组织矿中心组成员进行集中学习和分类自学，要求中心组成员每季度结合企业形势撰写1篇思考性文章，抢抓2022年集团公司中高层管理人员赴浙江大学学习培训等契机，积极与省委党校、省内外先进单位对接合作，努力拓宽中层干部视野；组织党委领导班子成员每年至少为党员上1次党课，全矿每年至少分别举办1期40学时以上的党支部书记和党务工作人员培训班、组织在职党员参加1期32学时的集中培训、举办1期24学时的入党积极分子培训班，教育引导全体党员提升学习能力；依托党支部书记例会、安办会等平台培训党建应知应会知识，月度考核理论知识，并将考核结果与当月工资挂钩，推动党支部书记以考促知、以考促学。二是强化业务人员培训教育。以党务人员、班组长赴兰州资源环境职业技术大学学习培训为契机，坚持集团培训与矿自训相结合，坚持以矿内培训为主、自主培训为辅，通过组织业务主管、业务管理人员适时分别赴高等院校或省内外先进单位学习培训、每2年轮训1遍、每年至少培训1遍等举措，着力提升业务主管岗位胜任力；按照"谁主管、谁负责"原则，组织矿领导班子成员和副总、部室长每年分别面对面为分管范围内的职工授课不低于16个学时、20个学时，组织各专业技术人员每年至少参加1期培训、每3年集中轮训1遍，选派技术骨干参加集团公司和上级部门举办的各类培训，组织引导专业技术人员自主完成继续教育规定学时当年申报工作、按规定完成当年网络教育培训学习任务，着力提升专业技术人员履职尽责能力。三是强化班组长培训教育。深入推进"人人都是班组长"全员自主管理，聚焦学习型、安全型、和谐型"三型"班组建设，坚持"轮值+六到"（轮值班组长，签到、查到、评到、讲到、学到、宣到）班前会模式，坚持把风险辨识和现场管控作为重点，注重督导明确作业环节步骤、内容、标准、安全提示和管控措施，着力提高班组长轮值率和职工参与度，轮值班组长语言表达、归纳推理、逻辑分析、沟通协调等能力稳步提升。

（三）创新"自选动作"稳推进。提升全员素质，需要结合矿井安全生产等实际，不断创新思路和举措。一是丰富线上培训抓手。依托"学习强国"、"甘肃党建"、甘肃干部网络学院等学习平台以及"共产党员"、"陇原先锋"微信公众号和"雨课堂""中安云"等软件系统拓展培训载体，积极在微信群向职工推荐网上答题平台，推广应用直播课堂、手机微课堂、视频课堂，坚持把精品课程、绝技绝活、事故案例、每日一题、每周一课等录制成教学视频并上传至网络平台，积极探索VR案例教学，尝试建立网上培训积分商城，探索将各种安全常识、操作要领、岗位职责等制作成游戏程序或问答题吸引职工参与，努力让职工通过浏览手机做游戏就能学到知识、获得奖励。二是拓展线下培训载体。开展以矿领导带部室长、部室长带区队长、区队长带班组长、班组长带职工为主要内容的"四带帮教"培养工作体系，深化党员带思想、带作风、带技能、带安全、带业绩，促干群关系融洽、促职工素质提升、促安全生产稳固的"五带三促"师带徒活动，持续开展各级管理人员"师徒结对"人才培养工作，组织大学生职工入矿后与业务能力强，工作经验丰富的科、队级管理人员签订《带徒协议》，纳入师傅绩效考核，督导党务政工工作人员制定落实素质提升年计划和目标，通过月考核、季分析、年总结和每周每月常态化开展"大学习大比武大练兵"素质提升活动，在严格落实"21+1"培训制度的基础上，每月依托"雨课堂"、"每日一题"、"班前会"第二小课堂开展"一日三学"活动，每月集中抽考、随机挑选2~3个区队的职工开展安全生产"应知应会"知识现场快问快答对抗竞赛活动，以掌握知识点的多少奖励相应小礼品；每天班前会对干部以现场随机抽查考问形式，至少考问2~3名职工对安全规程、现场措施、岗位描述、手指口述等知识的熟知程度，下井带班人员每班至少现场抽考、点评3~5人，积极推动以考促知、以考促学，着力提升培训教育实效。三是分类稳步有序推进。认真落实集团公司覆盖全员的学徒工、初级工、中级工、高级工、技师、高级技师、技能大师、首席技师"新八级工"制度，探索制定并落实符合矿井实际的职业等级评聘办法，畅通技能人才发展成长通道；深化事故案例讲解、标准化作业流程、不安全行为识别等安全主题培训，通过组织各系统专业技术人员定期深入区队班组了解掌握职工学习需求，分专业、分工种、分层次为职工定制个性化课程，组织劳模、技术能手、生产骨干等人员，收集、归纳、总结成熟的工作经验"手把手"传帮带，助力职工提高解决实际问题的能力。

立足集团公司进入高质量全面发展新阶段，海石湾煤矿将坚持以习近平新时代中国特色社会主义思想为指导，贯彻新发展理念，融入新发展格局，坚持以全员素质提升工作为抓手，全力为创建同行业一流标杆企业，把集团公司接续建成"百年窑街煤电"做出不懈努力。

"五注重"带动素质"五提升"

窑街煤电集团有限公司金河煤矿

近年来,金河煤矿坚持以习近平新时代中国特色社会主义思想为指导,秉承人才强企理念,始终本着对企业、对职工高度负责的态度,大力推进职工素质提升育才工程,着力培育打造有理想守信念、懂技术会创新、敢担当讲奉献的高素质职工队伍,教育引导广大职工走岗位成才、科技创新、强企报国之路,为加快建成"绿色安全、智能高效、幸福和谐"的现代化矿井提供人才保障。

一、注重党建引领,提升职工强企意识

以全面提升干部职工"五种能力"为抓手,将基层党建与职工素质提升相结合,有效增强职工干事创业的信心和决心,向党史学习教育借力,以转变观念、注重方法、担当尽责求实效,为推动企业高质量发展筑牢思想根基。

一是引领提升把方向。金河煤矿党委充分发挥政治优势,精准解读国家大政方针和省、市及集团公司工作要求,当好素质提升工作的"引路人"。按照《集团公司职工素质提升3—5年规划》,制定下发了《金河煤矿职工素质提升3—5年规划》《金河煤矿职工安全培训管理制度》《金河煤矿职工安全培训素质提升月度培训工资考核办法(试行)》等制度,明确职工素质提升目标任务,提出效果评价考核指标,推动职工素质提升工作迅速步入正轨。建立完善党委书记总负责、党委班子成员分管分抓、党支部书记主抓的党管培训体系,把培训工作纳入党委和党支部日常工作进行考核,一级抓一级,层层抓落实。基层区队、职能部室按照抓业务必须抓培训的"一岗双责"要求,做到培训工作与安全生产同等对待,同时安排、同时部署、同时落实,全过程抓实抓牢培训需求、培训目标、培训计划、培训对象、培训内容、培训方式、培训效果等各环节、各方面工作，有力保障了职工素质提升工作推进落实。

二是调查研究强举措。围绕如何提升职工素质、推动企业高质量发展主题，通过广泛深入开展调查研究、学习研讨、座谈交流等活动，找差距、谈举措、促落实，凝聚形成了全力推动全员素质提升工作的统一思想认识。发挥思想政治工作引领作用，教育引导全矿职工进一步解放思想、转变观念，以直面问题的勇气、真抓实改的决心、常抓不懈的毅力，推动全员素质提升工作落地见效。

三是创新机制添活力。建立完善竞争上岗、能上能下的岗位动态运行机制，鼓励富余管理人员向专业技术和一线岗位流动，努力破除体制机制障碍。以作业规范化、质量标准化、运行高效化、行为规范化为基础，以职工思想意识、素质修养、实操技能为抓手，积极推动技术创新，形成良性竞争，提升内生动力。通过公开选拔、竞争上岗，营造良好的选人用人环境，进一步激发了广大职工奋发向上、积极进取的工作热情，一大批优秀人才脱颖而出，在关键岗位上担负起重任，为金河煤矿发展贡献聪明才智。

二、注重人才储备，提升管理队伍接续

金河煤矿在加强人才队伍建设、创造和谐的成才环境上不断出实招、下猛药，通过建立后备人才库、实施动态化管理、开展专业化技能培训、建立常态化奖励机制，持续做好职工素质建设工程，为企业健康快速发展提供人才支持。

一是建立动态人才储备库。通过部室、区队推荐，调研谈心等方式，了解和掌握干部职工现状，有针对性地建立起多专业、多层次的优秀人才库。同时，通过不同岗位轮换锻炼、重点培养，全面掌握其成长情况，把表现优秀、业绩突出、素质良好、道德品质高尚的人才推荐到更高层次的工作岗位。把表现一般的后备人才淘汰出人才库，将有一定管理水平和技术能力的"新鲜血液"输入、补充进来，在保证后备人才库相对稳定的同时，实现后备人才的优胜劣汰。目前，培养掌握政工党群后备人才5名，经营管理后备人才6名，技术工人后备人才11名。

二是加强新生力量培养。金河煤矿针对岗位特点、要求和发展实际，试行"按需培训"，积极探索培训新方法新模式，通过线上线下计划培训，力求精准培训赋能职工，不断提升职工技能素养和技术水平。持续推行"人人都是班组长"全员自主管理、"21+1"职工培训、外派学习、导师带徒、岗位练兵、技术比武、礼仪培训、拓展培训等活动，不断加大高素质专业化团队建设力度，让所有人都成为有知识、有文化、会技术、懂业务的高素质人才。2022年，计划培养100名创新型科技人才、专业技术人才、党群经营管理人才，逐步提升职工学历层次、专业技术水平和技能等级，努力培育知识型、技能型、创新型高素质专业队伍和有文化、有修养、有道德的人才队伍，为全面推进企业高质量发展提供根本保障。

三是加强年轻干部历练。积极开展理论学习和实践活动，充分发挥基层干部的模范带头作用。组织引导全矿162名年轻干部投身基层，在解决一个个具体问题中磨掉稚气、练出真功。注重关键艰苦岗位历练。及时把素质好、潜力大的年轻干部放到扛重活、打硬仗的岗位和条件艰苦、矛盾较多的岗位历练，使干部真正得到锻炼提高。建立健全培养选拔优秀年轻干部常态化长效化机制，拓宽视野持续发现，跟踪培养扎实历练，好中选优大胆使用，从严要求动态管理，着力建设一支忠实践行习近平新时代中国特色社会主义思想、数量充足、素质优良、充满活力的优秀年轻干部队伍。自2010年以来，向集团公司输送中层管理人员15名，近三年来提任业务正副主管16名，提任区队管理人员18名。

三、注重创新实践，提升职工专业技能

通过开展"五小攻关""技能比武"等一系列行之有效的科技创新实践活动，打造高素质职工队伍，为企业高质量发展注入强大动力。

激励创新创效。为激发干部职工干事创业的巨大潜能，制定了《金河煤矿专业技术晋升评聘办法》《金河煤矿首席技能专家评聘管理办法》，健全

科技成果归属和利益分配机制。将群众性"五小成果""技能比武"活动作为科技创新创效和提升技能的重要内容，激励职工发明创造和智力创作，形成全员参与的良好局面，解决生产中的重点难点问题，激发广大干部职工的积极性和创造性，并实现了信息共享、利益共享和成果共享，让职工创新潜能得以深度挖掘和广泛应用。切实发挥技术工匠、技能大师、专业技术人员在"一优三减""四化"建设中的创新能力，鼓励各专业人员争当各领域的领军带头人。2021年，冲击地压煤巷吸能支架、小材上气动防跑装置以及水泵集控改造等10项技术创新成果受集团公司表彰奖励，职工创新成果立项完成18项，推广应用优秀成果32项，累计创效2070.9万元，在全矿形成了各类人才竞相辈出的良好局面。

改进培训模式。通过传统授课法、"21+1"培训法、竞赛教育法、警示教育法、心理疏导法、互联网+培训法、现场考问法、专题讨论法、现身说教法、典型引路法、亲情感召法、宣传灌输法，提升了全员安全素养。同时结合"人人都是班组长"全员自主管理模式，有效推动全员通过轮值班组长提高自身素质和工作能力。充分利用"雨课堂"、微信、抖音等推行网络教学，创新"四新培训"，开展"一对一"订单式培训，采取"请进来、走出去"培训，导师带徒，技术比武，学历提升，变招工为招生，搭建9个矿级实训基地平台，采用"井上＋井下""线上+线下""传统+现代"模式，通过"小而精"方式，打造"大培训"格局，形成了富有金河特色、符合职工口味的"小培大教"职工培训品牌。以建塑先进安全培训理念，建强培训管理机制，设置科学合理的培训内容，导入一流的培训管理机制，量体裁衣，提供舞台，精准培训。

放大带动效应。在充分放大"技能大师工作室"效应的基础上，发挥高效技能人才传帮带作用，利用机电一队电工创新工作室，把着力点放在电钳工、自动化、智能化等方面人才培养上，明确带头人和项目研究方向，先后召集32名技能专家，围绕解决生产难题、提升生产效率、可推广实用性等方面开展技术创新工作，培养了一大批与集团公司高质量发展相适应的技术能手、工匠大师、领军人才，使创新工作实现科学化、规范化、制度化。

四、注重全员覆盖，提升职工整体素养

金河煤矿坚定不移践行"人民至上、生命至上"安全发展理念，从多层次、多角度、多维度开展个性化、差异化按需培养培训，不断提升职工队伍整体素质。

一是分层分类按需施策。坚持"党管培训"，把培训当作"产品"来经营，坚持"缺什么、补什么，管什么、懂什么"的要求，从"三项岗位"人员资格培训、专业技术人员继续教育培训、技术工人技能鉴定培训、业务管理人员培训、专题安全培训、职业卫生培训、班组长培训、应急培训、冲击地压防治培训等方面，将集团公司各项培训教育工作计划落地落实。同时，针对不同时期、不同环境、不同任务、不同岗位、不同工种、不同人员实施精准培训，分七个层次抓好矿级管理人员、业务主管、业务管理人员、专业技术人员、区队管理人员、班组长、一般职工的培训教育，针对不同群体重点，实行矿级管理人员抓改革创新、业务主管抓制度落实、专业技术人员抓技改、区队管理人员抓现场、班组长抓措施、一般职工抓技能的层级模式，分层次抓好了素质提升工作。

二是技术比武选树标杆。紧扣金河煤矿自身情况，坚持竞赛过程与矿井生产相结合，不断扩大竞赛覆盖面、提高参与度，将竞赛中心从经济效益为主，转移到提升职工素质为主。2021年，以"当好主人翁、建功新时代"为主题开展录制各工种岗位责任制、"岗位风险辨识——我来辨"以及各工种操作流程小视频等活动，全年制作各类小视频58个，评选奖励25个。举办涉及22个工种的岗位技能大赛，其中7人获得甘肃省技术标兵、42名职工获得集团公司技术标兵称号。2022年，举办由241人参加、涉及26个工种的技能大赛，72名职工获得了前三名奖励，对取得第一名的冯义等26名选手各奖励1000元，授予金河煤矿"首席技术标兵"荣誉称号；取得第二名的范祥平等

24名选手各奖励800元,授予金河煤矿"技术能手"荣誉称号;取得第三名的张志虎等22名选手各奖励500元,并授予金河煤矿"技术能手"荣誉称号。

三是理论武装强化修养。深入开展政工人员"学、练、比"大练兵、深入基层开展思政宣教、"四结合四必讲"、"业务主管上讲台、以讲促学抓提升"等活动和用好"学习强国""甘肃党建"APP等学习平台,通过"日提醒、周督促、月考核"的方式,帮助党员利用零散时间加强日常学习,坚持把学习教育抓在日常、严在经常,扎实推进"两学一做"学习教育、党史学习教育常态化制度化,增加党员知识储备,增强党员党性修养,有力推进习近平新时代中国特色社会主义思想入脑入心,提升党员干部的思想政治素质和政策理论水平。规范"三会一课"、民主生活会、组织生活会、民主评议党员、主题党日活动、谈心谈话、基层党组织换届选举、党费收缴等基本组织制度,增强了政工人员和党员的党务工作能力。

五、注重学历教育,提升企业核心竞争力

企业的竞争核心是人才的竞争。金河煤矿注重高素质人才引进,同时,为在职职工搭建继续深造的平台,努力为企业高质量发展提供人才支撑,不断推动职工和企业共同进步。

一是把好入口关,优化职工文化结构。为进一步提升一线从业人员综合素质,创新一线生产岗位从业人员使用机制,提高安全保障水平,金河煤矿结合实际,严格审核新招职工学历,新招职工必须具备高中以上文化程度,对大专以上学历优先录用,近年来招收高中以上文化程度职工280余名。配合集团公司人资部持续做好大学生人才引进工作,在每年毕业季与各专业院校联系,积极引进煤矿主体专业人才,进一步充实企业技术管理人才队伍,从技术上保障矿井安全生产和现代化建设。2019年1月—2022年6月,矿累计新招引进人才24名,其中煤矿主体专业本科生19名、经营管理类本科生3名、硕士研究生3名,全部安排到专业部室或区队实习,增强矿井发展后劲。

二是把好委培关,提升职工文化素质。通过与兰州资源环境职业技术大学及各大院校、各设备厂家等合作，提升职工学历和专业技能。自2021年以来，80名区队干部、192名班组长和54名其他岗位技术人员参加了兰州资源环境职业技术大学脱产培训，10人报考中国矿业大学电气自动化本科脱产班学历提升，258人参加非全日制技校中级学历提升。参加报考甘肃省委党校2022年在职研究生23人，录取5人。举办各类培训68期，参加2346人次。使干部职工学历水平、知识结构、技术职称、职业资格、技能等级全面优化提升，政治素质、业务能力、技能水平、文化素养大幅提升，管理水平、服务质量、办事效率、安全生产水平明显提高。预计到2022年底，大专以上学历人员有20%以上，中专文化程度有30%以上，高中及以下文化程度降至30%以下（除48岁以上职工）。到2023年底，大专以上学历人员有30%以上，中专文化程度有35%以上，高中及以下文化程度降至20%以下（除48岁以上职工）。

三是选树典型，带动职工素质提升。近年来，金河煤矿坚持鼓励优秀团队、优秀个人参加各项先进典型评选，提升职工荣誉感和自我认同感。涌现出了"甘肃省创新型班组"掘进二队三班、全省"安康杯"竞赛示范班组综采一队三班、甘肃省五一巾帼奖选运队手选二班和先进标杆班组检修班以及先进个人张鹏飞，甘肃省"安全守护者"先进个人李积福，集团公司劳动模范宣讲团成员王国文；甘肃省安康杯"职业健康达人"优秀作品奖获得者张婷婷、王海燕，甘肃省总工会"写家书、传亲情"一等奖获得者高晓春、三等奖获得者余丽梅，集团公司建功立业标兵马小平等一批优秀职工、优秀职工创新团队和优秀职工创新成果，成为全矿广大干部职工学习的榜样，成为企业用之不竭的"宝藏"。

站在新起点，智能化开采、5G应用、数字经济引领新时代。金河煤矿将持续推进科技兴企、人才强企战略，不断强化全员素质提升工程，为集团公司高质量发展作出更大贡献。

三矿发展　培训先行

窑街煤电集团有限公司三矿

近年来，三矿牢固树立"培育高素质职工队伍是推动企业高质量发展的根本保证""一流的企业培养一流的员工，一流的员工支撑一流的企业"等理念，深入推进全员素质提升工作，加强全员精准培训，培育"知识型、技能型、创新型"高素质职工队伍，努力为企业高质量发展提供人才保障。

一、强化组织保障，形成齐抓共管合力

坚持党管培训，按照"党委抓总、行政主推、齐抓共管"的要求，成立以矿党委书记、矿长为组长，党委副书记、主管安全副矿长为副组长，副矿长、总工程师、副总工程师、各部室（队）党政负责人为成员的全员素质提升工作领导小组。将全员素质提升工作纳入矿重要议事日程，与安全管理、生产经营、改革发展等工作同规划、同部署、同考核、同落实。制定并落实全员素质提升月度工资考核办法，将全员素质提升工作以10%的权重与各科室、区队月度契约化经营业绩（目标）、薪酬分配挂钩考核，对当月培训优秀的部门和个人给予奖励，对当月考核得分低于80分的部门和个人不予兑现安全培训素质提升工资，并在每期全员素质提升例会上进行通报。通过层层传导压力，倒逼各层级切实履行职责，确保全员素质提升工作扎实推进。

二、创新培训形式，激发全员学习热情

坚持脱产培训与业余培训相结合、短期培训与中长期培训相结合、内部培训与外部培训相结合、理论培训与实操培训相结合，引导教育职工由"要我学"向"我要学"到"学为我用"转变。组织全员制订学习计划，落实党委理论学习中心组、党员"三会一课"、主题党日、职工政治学习和岗位理论知识集中培训、特种作业人员定期培训、小工种岗位工不定期轮训，分专业、分批次外出学习。2020年以来，培训安全生产管理人员114人次，举办各类培训班98期，培训35个工种23500余人次，各工种持证率达100%。实施"互联网+培训"，充分运用"雨课堂""素质提升微信公众号""魅力三矿"抖音等网络媒体和云控智能矿山平台，组织职工"线上"自学。在开设的"岗位操作流程"专栏中，制作发布充电工、瓦斯抽采泵司机、地面水泵工、装载机司机等教学内容32期，推出各类事故安全警示教育片46期。鼓励职工考取国家准入类专业技术职业资格和提升学历，对聘用的三矿工匠和优秀技能人才实行津贴激励，开展"辅导式"职业技能等级考核认定，坚持每年评选表彰优秀技术技能人才和科技"五小"成果。有效激发了广大职工学技术、钻业务、练绝活、提技能的热情。2021年以来，奖励优秀教师、学员及培训教育先进集体15.6万元，职工学历提升473人（含新型学徒381人），工匠、技能人才奖励和津贴补助19.2万元，上报科研论文270余篇，继续教育取得本科学历69人次。

三、注重岗位实训，增强职工技术技能

坚持用实训提升实战技能，以实战检验实训效果，搭建职工技能提升平台，建成"张国财国家级技能大师工作室"和矿井采掘、通防、机电、自动化实操教学与试验、维修开发一体化的综合实训基地。完善"金字塔"、"导师带徒"式技能人才（工匠）培养机制，组建汇聚各业务部室主管、工程技术人员、工人技师、技术能手为主的讲师队伍，推进"订单式"培训教学模式，持续开展"21+1""四个一""一岗三述"培训，采取脱产，分层次、分批、分期对受训人员进行理论和实操培训。制定职工技能比赛、岗位练兵方案，建立常态化技术比武机制，每月一比武一表彰，对各工种、各岗位全覆盖比武检验考核。深入开展"领导干部上讲台+送教上门""队级管理人员上讲台""副总讲案例"等培训活动，系统性讲解采、掘、机、运、通及冲击地压各方面专业知识，全面提高从业人员技术技能和业务素质。2022年，举办班组长、管理人员、普通党员脱产带薪培训班9期，开展"送教上门"专项培训38次，每月抽考队级以上管理人员420人次，抽考平均成绩85分以上，职工队伍整体素质进一步提升。

四、加强安全培训，提高安全管理水平

坚持"两个至上"，牢固树立"培训不到位就是最大的隐患"的理念，采取安全培训、安全学习、理念宣贯、亲情提醒、安全宣誓、案例教育、现身说教、群安联保、寓教活动、文化营造、宣传造势等形式，加强职工安全思想教育，引导职工充分认识安全形势的严峻性和搞不好安全工作的严重性，增强了职工坚决打赢安全生存保卫战的信心与决心。编印岗位责任制、岗位风险源辨识、岗位操作流程、安全站位四合一"口袋书"，加强"人人都是班组长"全员自主管理，深入开展班前会观摩和评比活动，进一步提高了班前会质量，切实发挥班前会"四个功能"（把所有的安全风险辨识到位、把所有的工作安排到位、把班前会当成教育培训的平台、把每一名职工的心情调整愉悦），通过轮值让每一名职工具备班组长工作能力。实施"三违"人员"过八关"（书面检查关、学习培训关、现身说法关、经济处罚关、帮教提高关、安全担保关、安全保证关、家属联保关）帮教培训，感化"三违"职工，使其从思想上筑牢了安全生产防线。2020年以来，开展各类安全教育活动160多次、参加2565人次，安全警示教育27次，帮教"三违"职工199人次。通过加强安全培训教育、增强职工的安全意识、规范职工安全行为，有效提升全员自保互保能力，保证了矿井安全平稳发展。

职工素质提升直接关系着三矿的安全发展，培训教育将是三矿今后一个时期的重要任务。应对煤矿安全生产的新要求，三矿将持续推进智能化开采进程，全力提升全体职工的专业技术水平和新设备、新工艺操作技能，为建设高质量现代化矿井而努力奋斗。

强化教育培训　提升全员素质

窑街煤电集团天祝煤业有限责任公司

　　天祝煤业公司认真落实集团公司关于全员素质提升工作一系列部署要求，坚持把全员素质提升作为实现矿井安全生产的重要抓手、推动企业高质量发展的基础性工作来抓，以强化职工培训教育为突破口，完善制度机制、创新方式方法。2019年以来，累计举办各类培训班423期，培训职工77117人次；组织参加外部培训112期，培训职工1432人次，职工队伍整体素质显著提升，为实现矿井长治久安和企业高质量发展提供了强有力的人才保障和智力支持。

一、完善制度机制，推动重点任务落实

　　一是加强领导，形成合力。按照"党管培训"原则，天祝煤业公司党委坚持把素质提升与管理科学、装备先进、系统优化摆在同等重要的位置来抓，置于企业发展战略的高度来谋划，综合施策，重拳发力，形成了党委总抓、分管领导主抓、党支部书记具体抓、行政负责人协助抓的全员素质提升工作齐抓共管格局。

　　二是健全制度，严格落实。结合实际，制定天祝煤业公司《职工素质提升工作实施方案》《职工素质提升五年工作规划》《全员职业生涯设计》，修订完善《职工素质提升教育培训管理制度》等50多项素质提升教育培训管理制度和涵盖本公司、部室、区队党政负责人的49种安全教育培训岗位责任制，明确了各级培训任务和职责。坚持把培训工作与安全生产同规划、同部署、同落实，纳入党委工作目标、单位安全结构工资、党支部工作目标管理、党支部书记述职评议、各级领导班子成员年度履职及聘期综合考核，素质提升工作责任有效压紧压实。

三是强化保障，严肃考核。成立专门机构、配齐工作人员，确保素质提升工作有专门部门"管"、有专职工作人员"干"。严格落实"足额提取、严密计划、保障重点、专款专用、严格监管、确保效果"原则，按时足额保障职工教育培训经费，切实保证教育培训质量效果。完善素质提升激励机制，对各单位的安全培训严格执行安全结构工资占10%的培训工资，按照每周检查结果和月底综合考核汇总打分，每月严格考核兑现培训工资，有效激发了各部门、各单位职工参与培训教育工作的积极性和主动性。

二、创新方式方法，提高培训质量效果

一是精准施教。坚持"了解职工需要什么、需要职工了解什么"，天祝煤业公司各部室、区队结合工作实际，精准制定年度、月度、每周培训计划，根据职工从事的工作和不同岗位，向多样化方向迈进，除开展日常培训外，重点对决策层人才、管理层人才、操作层人才分类开展培训。坚持做到"分类组织、按需施教、应培尽培、突出重点、有的放矢"，针对职工技能文化层次结构、技能水平高低，专业部室量身定制了培训套餐，因人而异开展培训。操作层重点在实操实训创新上下功夫，按照"分项开展、按需培训、注重实操"的原则，以电工检修车间、综采设备检修车间为依托，实施面对面、手把手演练操作培训；管理层则在生产经营能力提升上下足功夫。严格落实逢查必考，开展季度、专业检查抽考，促使职工能力素质全面提升。分类确定培训教育内容，管理人员侧重学习《煤矿安全规程》《安全生产标准化标准》《煤矿重大安全生产隐患判定标准》、经营管理等必知必会知识；职工层面侧重全面学习《安全生产岗位责任制》《岗位说明书》《操作规程》、岗位作业流程标准、作业规程和安全技术措施等应知应会知识，提高学习培训的针对性和实效性。在引进先进设备、装备的同时引进技术，借助厂家的技术提升职工技能水平，实现了"简单粗放职工向技能职工转变，技能职工向高级技能职工转变，单一型技能职工向复合型技能职工转变"。

二是丰富载体。充分利用"省应急管理学院"雨课堂"、QQ群、微信群等各类平台，推行网络教学，解决职工"工学矛盾"。重点在"雨课堂"、微信群培训上做足功课，"雨课堂"在建立以基层单位班级群为单元的基础上，在各单位内部建立了岗位工种类别的小班级群（如皮带班、电工班等），有针对性地讲授岗位专业知识（目前公司共建立"雨课堂"班级群27个，人员覆盖率98%以上），职工合理安排学习时间，保证充足的休息时间。同时，结合"人人都是班组长"全员自主管理模式，将日常安全培训融入到班组建设当中，学习委员每天在班前会上结合实际，对作业规程、安全措施的重要条款贯彻学习。通过学习委员轮值促学，使人人都成为班组长、安全员。充分发挥技能大师、劳模工作室、锚网支护工作室作用，实施名师带徒和"一对一"结对帮扶等多种形式，根据不同培训对象开展了理论教学和现场实操培训等多元化技能培训。

三是创新机制。深入开展全员"学规程、学标准、做安全职工"两学一做及"业务大培训、岗位大练兵、素质大提升"活动，大力提倡"精一门、会两门、学三门"，使职工明白学习是为了提高自身素质，激发从"要我学"向"我要学"的彻底转变。按照"危险预知、安全站位、安全确认、流程作业""四位一体"岗位标准作业流程，通过安全检查、专业风险辨识会、现场安办会等形式开展现场培训，有效解决了各类无知无畏、不懂不会和明知故犯、违章蛮干现象，习惯性"三违"、严重"三违"明显下降，与去年同期相比，"三违"人数下降19.01%。取消了采掘、井辅区队职工小连班作业，积极推行"21+1"培训教育，利用小连班休息时间组织职工带薪脱产培训。各级干部深入现场、深入基层，对职工培训需求充分进行调研，论证分析，对症下药，分类施策，开展现场提问和旁站辅导。2022年1—8月份，副总以上干部上讲台授课51期，业务部室长、技术人员根据基层需求进区队授课66期。积极与省内外科研机构、大中专院校合作，抓好职工技能教育和学历提升教育。分步骤、分层次安排职工参加各类培训机构举办的技能培训班和学历提升，确保每个职工都能掌握一技之长和各级人员的学历水平达到规定要求。

三、强化激励约束，提升职工学习意愿

一是加大经济激励。2021年以来，天祝煤业公司对注册安全工程师、学历提升、职业资格等各类职业资格证书、技能大赛获奖者、首次取得特殊工种操作证人员除报销培训费用外，按照相关激励政策进行奖励，共奖励人员103名，奖励金额达8.5万多元，并相应提高岗位绩效工资，极大地激发了职工参与培训取证的积极性。比如，一名瓦检员不愿意参加特殊工种培训取证考试，考试时故意考不及格，按规定扣除了培训费用及培训工资，调整岗位，降低岗技工资，经济损失使他认识到了培训取证的重要性及含金量，第二次报名参加并通过了考试。

二是畅通职称评定。天祝煤业公司积极推进职业资格技能与职称、竞聘上岗有效衔接，推动实现技能等级与管理、技术岗位序列相互比照，畅通了职业资格技能人员职称评定、竞聘上岗渠道。例如，4名职工获得了注册安全工程师执业资格，直接评定为工程师职称；三名职工考取安检员操作证，通过竞聘上岗走上安检员岗位；22名技师、高级技师通过等级认定，获得了相应待遇。同时打破学历、资历等限制，将工资分配、薪酬增长与岗位价值、技能素质、实绩贡献、创新成果等因素挂钩，有效增强了职工参与培训的意愿。

三是营造学习氛围。面向职工积极倡导"命运共同体、事业共同体、利益共同体"的价值取向，紧密结合理念、目标、形势、任务、责任等，多形式、多层面、多角度开展了素质提升宣讲，加强对职工价值观的引领，"员工因企业而成长、企业因员工而精彩"的理念文化深入人心。同时，在机关办公楼、区队会议室制作荣誉墙，结合安全理念积极宣传劳动模范、优秀员工、先进集体的荣誉和事迹。一方面，使先进人物和集体始终做到自警自省，另一方面，有效激发了其他职工比学赶超、提升自我的积极性和主动性。

发展依靠职工，发展为了职工。对标行业一流企业，天祝煤业公司将继续坚持以人为本发展观，大力实施人才强企战略，以"大学习推动企业大发展"的创新思路，为企业实现高质量发展增添源动力。

提升素质强技能　确保安全促发展

窑街煤电集团酒泉天宝煤业有限公司

自2020年10月整体搬迁入矿以来，天宝煤业公司坚持把全员素质提升作为保障矿井安全生产、推动企业高质量发展的基础性工程和战略性任务来抓，夯实基础保障、突出问题导向、创新工作方法，不断提高全员素质提升工作常态化、制度化、规范化水平，职工队伍整体素质有了明显提升，为企业项目开发建设和长远发展奠定了坚实基础。

一、强化基础保障抓全员素质提升

（一）加强组织领导。天宝煤业公司管理层深刻认识到，全员素质提升是建立安全生产长效机制的重要举措和基础保障，是提高职工岗位风险辨识能力、操作技能水平、规范操作行为、保障安全生产的重要手段和"一把手"工程。为此，天宝煤业公司成立了以党委书记、董事长、经理任组长，各分管领导及各部室（组）负责人为成员的职工素质提升工作领导小组，成立职工素质提升工作机构，并按要求配备配强专职人员，明确相应工作职责，确保职工素质提升工作有领导抓、有部门管、有人员干。

（二）完善制度体系。认真贯彻落实集团公司关于全员素质提升工作的一系列安排部署，结合本单位安全生产经营和职工队伍实际情况，制定出台《天宝煤业公司职工素质提升工作实施方案》《天宝煤业公司3—5年职工素质提升工作规划》等管总体、管长远的制度性文件，及时建立完善培训管理制度、考核管理办法、激励奖惩管理办法等一揽子配套制度措施，初步形成了一套完整规范、科学严密、覆盖全面的全员素质提升工作制度体系。

（三）强化督促考核。坚持把职工素质提升工作质效同月度效益浮动工资、安全结构工资挂钩实行双重考核，每月由素质提升主管部门负责，对各部门"六个一"（即：每日一题、每周一课、每月一考、每季一评、每人一档、每年一签）开展情况进行检查考核，对照考核办法和评分标准严格进行打分兑现。同时，由素质提升主管部门牵头、安全管理部配合，定期对各部门进行督促检查，对素质提升工作推动不力或流于形式的部门进行通报处理，对因培训、考试、发证工作不到位而发生的安全责任事故，根据相关规定，严肃追究培训主管部门和事故责任部门责任人的培训责任，倒逼职工教育培训工作责任得到有效落实。

二、突出问题导向抓全员素质提升

（一）着力破解职工队伍实践经验不足的问题。天宝煤业公司35岁以下职工81人，占职工总人数的61%，其中大多数为新入职的大学毕业生，虽然学习能力强、有活力、有冲劲，更容易接受新鲜事物，但工作经验不足、阅历浅、磨炼少，工作能力与工作岗位不匹配的问题还不同程度存在。针对这一问题，坚持教学大纲和煤矿一线生产实际相结合、理论教学和实验教学相结合、事故案例剖析与法律法规、操作规程学习相结合，有效推动职工培训教育与企业安全生产经营有机融合。比如，天宝煤业公司紧密结合安全生产实际，编制《煤矿岗位风险手册》作为学习教材，并为每个职工制定下发岗位风险辨识卡，详实阐述各工种岗位危险源辨识。同时，直接在机电车间等作业现场开展培训，大大增强了培训学习的沉浸式体验和互动性效果，有效提高了各岗位工种风险辨识和自保互保能力。大力推行"导师带徒"培训方式，制定导师带徒管理办法和考核细则，建立天宝煤业公司领导为第一导师、工程技术人员及各业务部室负责人为第二导师的导师库，明确导师职责，制定目标任务。细化奖惩措施，以导师"传帮带"帮助青年职工迅速成长成才。大力推行"一岗多能""一专多能"培训，对取得职业技能考核认定和相应资格证书的职工给予一定奖励，引导激励职工在学懂学精本岗位专业技能的基础上，延伸学习掌握2~3个其他岗位业务知识和操作技能，拓展了新入职职工的技能结构。

（二）着力破解青年职工学习意愿不强的问题。天宝煤业公司大专以上学历职工101人，占职工总人数的76%，职工队伍整体学历层次较高，但同时也存在一些大学生职工自我要求不严、自我提高意识不强的问题，工作中往往依赖领导和老员工，安排什么就干什么，说怎么干就怎么干，只满足于完成交办的任务。为此，天宝煤业公司充分发挥党委管培训、纪委抓纪律、工会促监督、职工得福利的作用，进一步完善职工素质提升激励政策和思想教育宣传，引领职工对素质提升实现"要我学"到"我要学"的思想转变，让职工带着"参加培训就是享受福利"的认识去学习新的知识，切实从人的思想、行为等方面解决培训动力不足、全员素质良莠不齐等问题。加大正向激励，制定出台一系列培训学习激励政策，通过把参加培训教育、开展自主学习以及学历提升、专业技术资格和职业技能等级提升等同工资收入、评先选优、职务职级晋升挂钩，持续激发干部职工学习提升的积极性和主动性。坚持按照"干什么、学什么、考什么"的原则，针对各岗位、工种实际，进行"私人订制"培训和考试，有效激发了职工在"干中学、学中干"的热情。

（三）着力破解培训教育质量不高的问题。由于天宝煤业公司地处偏远，远离集团总部、远离城市中心，现有工作人员"走出去学习、请进来讲课"机会不多，与外部联系较少，加之现有专兼职教师授课水平有限，导致培训教育方式单一，授课方式缺乏创新，培训教育针对性实效性不强。为此，天宝煤业公司调整充实兼职教师库，聘用有较高理论水平和实践经验的管理人员和工程技术人员作为兼职教师，邀请露天煤矿专家教授或国内大型露天煤矿高级工程师来企业有针对性开展教学授课，帮助干部职工提高安全生产管理知识和实践操作水平。同时加强与酒钢技校培训合作，采取"走出去、请进来"的培训方式，广泛联系和沟通，取长补短，共同进步。不断创新培训方式，一改传统的"满堂灌""填鸭式"的培训方式，在现有的讲授法、竞赛教育法、警示教育法、现场考问法、现身说教法、宣传灌输法、专题讨论法、"互联网+"培训法等培训方式基础上向心理疏导法、典型引路法、亲情感召法、案例研讨法、角色扮演法、互动小组法延伸扩展，有效提高了培训质量和效果。

三、坚持创新载体抓全员素质提升

（一）坚持每天学一小时。天宝煤业公司印发《关于开展"学法规、学规程、学制度、学标准、强管理、提质效"活动的通知》，根据职工素质提升年度工作计划，分解为月度和周计划，将每天11—12点确定为职工学习培训时间，紧密结合矿井项目建设、露天煤矿安全生产实际，组织全体人员学习《中华人民共和国安全生产法》《中华人民共和国职业病防治法》《煤矿安全规程》《测量规程》《煤矿防治水细则》《煤矿安全生产标准化管理体系基本要求及评分办法（试行）》《合同法》《招投标法》《劳动法》《民法典》等有关法律、行政法规以及集团公司、天宝煤业公司人力资源和薪酬分配各项管理制度等，切实提升职工的法治意识和工作水平，不断提升员工素质，打造适应现代化矿山建设发展需要的管理人员、专业技术人员和技术工人三支队伍，实现依法办矿、依法管矿，推动企业安全生产、经营管理高质量发展。

（二）坚持每月读一本书。天宝煤业公司制定下发《关于开展职工每月读一本书的活动通知》，要求职工根据个人专业和爱好每月在职工书廊的书架上选择一本自己喜欢的书籍，坚持每月读一本好书、写一篇心得体会、召开一次座谈会，采取强制性方式加强内生型人才培养，努力培养大学生干部，培养造就一支专业素质高、创新能力强的高层次人才队伍；培养造就一支市场意识强、管理水平高的经营型人才队伍，实现人才结构和企业发展相匹配，为企业发展提供强大的人才支撑和智力支持。

（三）坚持每人讲一堂课。天宝煤业公司结合年度职工素质提升计划印发了《关于开展"人人上讲台来讲课"活动的通知》，以露天矿安全生产管理基础知识、灾害防治与处理计划、职业危害防治、应急救援预案、劳动纪律、作业规程、技术操作规程、安全生产责任制等为培训主要内容，按照谁的业务谁负责、谁讲课谁准备和"干什么、学什么、讲什么"的原则，针对各岗位、工种实际，扎实开展岗位练兵、技术比武等"学、备、讲"活动，营造了人人想得到、讲得出、做得到和学真手艺、练真功夫的浓厚氛围。同时，积极组织开展政工经营部室工作人员进队入班宣教活动，利用安全生产月、班前会、安全学习日等载体，为各项目部职工宣讲政策法规、经营管理和安全管理等方面知识，达到了教学相长、共同提高的目的。

新矿新队伍，新矿新机制。天宝煤业公司将以全新的姿态投入集团公司高质量发展的进程，以全员素质提升为抓手，以建设中国特色现代企业制度为依托，锻造高素质专业化人才队伍，群策群力把矿井建设成为西北戈壁上的一颗"明珠"。

提升学习能力　推动企业转型

甘肃科贝德煤与煤层气开发技术有限公司

从土建到矿建，从矿建到煤层气综合利用，每一次的转型既是创新，也是挑战。近年来，科贝德公司围绕"管长远发展、解转型所需、顺体制机制、促企业发展"目标任务，始终重视和大力加强全员素质提升工作，造就了一支数量充足、结构合理、技能精湛、善于创新的高素质煤层气抽采利用产业职工队伍。

一、以强力保障体系推动全员素质提升

一是强组织保障。坚持"党管培训"原则，将提升全员素质作为一项关系企业转型和可持续发展的重大战略任务来抓，成立专门领导小组，形成"党委统一领导，部门分工实施，全员主动参与"的全员素质培训领导和运行机制。健全落实"一把手"负总责、领导班子成员"一岗双责"培训责任体系，靠实公司、部门、基层、班组四级责任，形成了公司统筹规划、督促考核，部门协调配合、齐抓共管，基层扎实推进、高效落实，各层级职责清晰、运转高效的闭环管理责任体系。

二是强制度保障。从整建章制入手，先后制定完善《全员素质提升考核办法》《全员素质提升职工培训教育管理制度》等29项制度，建立入职前与入职后以岗位技能需求为导向的培训体系，健全日常学习管理制度培训工作例会制度、教学管理制度、培训教育奖惩办法、岗位技能动态管理、"一体化"考核措施等制度，持续释放人力资源内在潜力，促使职工素质提升工作同企业和职工一道成长进步。

三是强机制保障。实现全员素质提升工作与安全生产、改革发展、经营管理同规划、同部署、同落实、同考核。针对煤层气开采这一新领域、新技

术，有针对性地制定并组织落实年度培训计划。将安全结构工资的30%与全员素质提升专项考核挂钩，将其作为评先选优、履职考核的重要评价依据，把考核结果应用到职工收入分配中，并通过严格的考核兑现，进一步推动了全员素质提升工作落细落实。

四是强人员保障。自2020年以来，着眼选拔有思路、有办法、有担当、有干劲的管理人员从事全员素质提升工作，先后选齐配强培训队伍，选拔1名专职人员，储备安全生产、经营管理、党群管理等3类13名兼职教师。采取培养本土教师与外请名师相结合的方式，在注重发现和挖掘煤层气抽采利用、安全生产、经营管理等方面有影响的本土专家的同时，邀请中煤科工集团西安研究院、北京煤科院、合肥研究院等国内专家教授12人次为企业发展精准把脉、解疑释惑，开展专题讲座36场次，受训860余人次。通过与各类科研院所、专家教授建立良好合作关系，为公司培养工程技术人员创造了有利条件、搭建了良好平台。

二、以严格要求深化全员素质提升

一是紧盯新领域抓培训。先后选派5名优秀年轻干部前往浙江大学、中国矿业大学、省委党校等深造学习，锤炼锻造与新时代新产业相适应的高素质知识化专业化复合型党员干部队伍。开展职工技能认定与日常实操实训，累计有10人晋级高一级技能等级。实施职工自主"苦练"基本功、师傅"培练"技能技巧、现场"实练"积累经验的"三练"式技能培训，实现了企业"以老带新传帮带，以新促老增活力"，特别是对新引进的大学生职工建立"双导师"机制，从思想政治、业务水平、综合素养、个人成长等方面进行全方位提升。科贝德公司机关坚持每周一次推进部门之间相互交流、业务之间相互融通、个人之间相互学习的交流会，有效提升了机关工作人员的综合素质。开展区队长及以上管理干部进行学历提升活动，累计有10人取得本科学历、2人正在攻读本科。对取得注册安全工程师、注册二级建造师、注册一级建造师的3名职工，给予一次性奖励和每月发放津贴，使他们切实享受到了职业教育培训带来的福利。目前，科贝德公司现有专业技术人员和技师28名，比2019年提高10%；大专及以上学历 37人，比2019年提高25%；中级及以上职称18人，比2019年提高10%。通过做实全员技能培训工作，职工业务技能明显提升，全员专业素养持续提高。

二是拓展新模式抓培训。近年来，科贝德公司紧紧围绕集团公司"十四五"发展规划、"四个定位"、"五个转变"、"十大行动"，严格落实集团公司党委关于科贝德公司《转型发展指导意见》《煤层气产业综合利用发展指导意见》及《煤层气产业综合利用工作安排》，先后实现了产业板块从土建向矿建过渡，从矿建向煤层气开发及综合利用转型的目标愿景。科贝德公司通过线上业务理论知识学习、线下聘请专家研讨交流、领导干部上讲台、业务骨干送教上门、基层单位自主培训、个人自学等培训方式，职工队伍的政治素质、业务素质、心理素质得到明显提升，干部队伍的学习能力、执行能力、服务能力、组织能力、创新能力均得到了新进步。对职工活动室进行改造升级，添置适应现代化教学手段的设备设施，使用现代网络教学视讯装备，让线上培训与线下实操结合得更加紧密，实现培训管理从低端的档案管理逐步转变为更加贴近安全生产的现场管理。采取"线上2小时+线下雨课堂"灵活学习方式，职工不仅可以在课堂上边学边记、边学边考、边学边评，还可以利用业余时间回看培训视频、巩固培训要点、及时充电学习，活到老学到老的学习氛围越发浓厚，打破了学习受时间和地点限制的瓶颈，切实做到了随时学、随地学。特别是从2022年7月开始，全面推行全员职业技能等级认定工作，畅通与国家职业资格制度相衔接、与终身职业技能培训制度相适应的职工职业发展通道，激发了职工自主参加职业技能培训的内生动力。

三是丰富新载体抓培训。采取"领导干部上讲台"和"送教上门"等形式，中层管理人员和业务主管应需施教，让培训更具针对性、更加精准有效。采取"理论+实际""线上+线下"相结合的培训教育方式，通过在线理论教学、线下实训操作考核、逢会必考、逢查必考等方式，开展分层次、分岗位、分专业的精准实操培训，不断鼓励职工主动学习新知识、掌握新技能、增强新本领。把握不同类别职工特点因材施教，持续优化人才成长路径和队伍结构，人力资源在实现集团公司争创一流企业战略目标中的支撑作用充分发挥。坚持"缺什么、补什么，急什么、培训什么"的原则，围绕生产标准化、业务技能、安全技术措施、岗位安全风险辨识、岗位应知应会等，扎实开展"人人都是安全员""四个一"和推行全员自主管理"体验式"培训，用灵活多样、扎实有效的个性化培训引导员工上标准岗、干放心活。

四是借助新平台抓培训。坚持将产教融合作为企业迈向更高发展层次的有效途径，抢抓集团公司与兰州资源环境职业技术大学职业教育战略合作这一契机，借助全省首家煤基产业学院这一技术协同创新、学生实训基地平台，积极主动参与职业教育，全面完成三项岗位人员、班组长、区队长、兼职教师及党群干部、经营管理干部等各类培训，有效提升了各级管理人员和全体职工的综合素质。深入推进"人人都是班组长"全员自主管理，通过主动预想风险、查找隐患、分析事故、安全提醒等方式，提高职工的安全意识和安全操作技能，班前会"四项功能"得到充分发挥。

三、以企业发展检验全员素质提升

一是做实全员思想培训提认识。坚持把学习宣传贯彻习近平新时代中国特色社会主义思想和党的十九大及十九届历次全会精神作为首要政治任务，在抓好党委理论中心组学习研讨和党员干部集中培训教育的基础上，组织开展学习贯彻新发展理念、推动企业高质量发展等专题研讨活动15场次；紧紧围绕高质量党建引领企业高质量发展，以领导干部上讲台，党群干部下基层等方式开展形势任务宣讲32场次。深入开展党建融入生产经营活动，充分发挥党员模范带头作用。面对近三年来产业板块不断理顺和调整，科贝德公司党委团结带领广大干部职工积极投身到企业安全生产和转型发展上来，党员干部充分发挥模范带头作用和中流砥柱作用。近三年，涌现出优秀共产党员

18人次，优秀群监、协管14人次，优秀共青团员16人次；深入开展劳动竞赛活动，充分激发干部职工干事创业热情。紧贴安全生产和企业改革焦点难点问题，劳动竞赛活动呈现多层次、多方位和广泛性、群众性特点。以班组为单位，开展"班组对抗赛"和小革新、小发明、小改造、小设计、小建议等特色竞赛活动；以部室为单位，开展节能减排、节支降耗、挖潜增效等活动。近三年，涌现出劳动模范6人次，优秀生产工作者36人次。通过持续的全员思想培训，提高了公司全员干事创业的积极性，增强了企业发展的凝聚力。近三年，累计完成产值35319.6万元，企业实现扭亏为盈，利润同比增长达213%。

二是做实全员安全培训保安全。近年来，科贝德公司牢固树立"培训不到位是重大安全隐患，教育不到位是企业发展最大阻力"的职业教育培训理念，深入开展"三项岗位人员"和新入职员工安全培训，培训率、合格率、持证上岗率均达到100%，做到全员持证上岗。以"现场+视频"授课方式，开展安全教育专项培训，既让职工学习到安全法律法规知识，又增强了职工安全风险辨别能力、安全应急处置能力、自保互保能力。通过分系统、分专业全面讲解安全生产标准化管理体系各要素标准，不断强化各级管理人员"知标准、懂标准、用标准"的能力。举办班组长、区队长轮训班，班组长职业资格证书持有率实现了100%。大力开展"三敬畏""反三违"活动（敬畏生命、敬畏法规、敬畏职责，反违章指挥、违规作业、违反劳动纪律），不断增强从业人员危害防范意识与应急处置能力，"三违"现象每年持续以15%~20%的幅度下降。以集中学习的培训方式，大力推行"风险预控""每日一题、每周一案、每月一考"培训活动，并每月选定1~2个工种，开展班组成员间"理论+实操"双培互训，进一步提高职工安全技能水平和班组整体素质。对双臂钻装机等新设备、新工艺开展专项培训，所有设备在确保安全的前提下投入运行。通过做实全员安全培训，实现了全员100%安全培训合格上岗、特种机械设备100%安全运行，"三项岗位人员"持证率达到100%，重大风险管控100%落实，隐患整改率100%，安全生产标准化管理体系达到集团公司一级标准，企业安全生产形势逐年平稳向好。

三是做实全员技能培训促转型。煤层气抽采利用是一项具有知识化、信息化、智能化鲜明时代特征的战略新兴产业。作为西北五省首家开展煤层气抽采利用的企业，科贝德公司始终紧盯行业发展趋势，针对煤层气开采这一新领域、新技术，结合煤层气抽采利用工程技术人员短缺的现状，本着自主培养一个技术领军团队、一批技术人才、一支专业队伍的工作思路，逐年加大对引进的大学生职工培养力度，配备到煤层气抽采利用岗位上淬炼成长，和建设单位一道开展技术研究，形成在干中学、学中干的良好培训模式，使他们尽快成为企业优秀的安全卫士、生产能手、技术尖兵。近三年来，培训成果转化取得显著成效，累计申报技术创新成果10项，推荐集团公司6项；组织本公司技术骨干开展劳动竞赛3场次，积极参加集团公司劳动竞赛9人次，获得各类技术标兵奖励4人次；优化设计煤层气抽采井（其中：职工及新入职大学生积极参与设计优化并提出合理化意见建议3条），由原来16口井变为13口井，为集团公司节约投资500余万元；通过技术改造及工艺优化，产气量逐年稳步上升，为集团公司延长产业链、增加附加值及加快煤层气综合利用步伐奠定了基础，企业核心竞争力持续增强。

四是做实全员道德培训促和谐。以培育和践行社会主义核心价值观为抓手，在职工群众中持续开展道德讲堂活动，不断推进新形势下社会主义核心价值体系建设，以社会公德、职业道德、家庭美德、个人品德建设为载体，不断深化企业精神文明创建工作，有效提升员工文明素质和企业文明程度，在广大职工群众中积极开展"四德"教育。以"爱"为核心，实施爱德工程，推进社会公德建设，组织职工参加志愿者服务活动15场次，参加义务献血32人次，参加抗疫服务活动160余人次，参加义务植树50余人次，参加爱心助农活动2场次。以"诚"为核心，实施诚德工程，推进职业道德建设，广大职工爱岗乐岗意识普遍增强；以"孝"为核心，实施孝德工程，推进家庭美德建设，近三年来涌现出孝老爱亲典型6名。通过典型树立，形成以点带面的孝老爱亲的良好风尚，为职工群众营造良好生活环境；以"仁"为核心，实施仁德工程，推进个人品德建设，在近三年的产业板块调整、职工分流等企业发展改革的大事中未出现职工群体上访、闹访等事件，确保了企业和谐稳定。近三年，科贝德公司通过"四德"教育引导，为改革发展汇聚了正能量、增添了新动力，全体职工中未出现违法乱纪行为，为转型发展构筑了风清气正、团结友善、和谐稳定的良好环境。

改革是企业适应市场的主题，创新是企业发展的灵魂。科贝德公司的每一次转型都经历"孕育期"的艰辛和"分娩期"的阵痛，也让职工养成了不断学习和终身学习的良好习惯，在转型中求发展、在学习中同进步已成为全体职工的共识，企业长远发展有了坚强的人才支撑和智力支持。

不断探索前行路 化工产业育新人

甘肃窑街油页岩综合利用有限责任公司

　　油页岩公司是窑街煤电集团循环经济产业链上的一个重要生产单位。2009年开工建设，2010年第一台方炉点火成功。2011年12月底，8台方炉全部进入试生产，2013年正式移交集团公司。从试生产到正式移交、从简单组织生产到全面达产，实现盈利再到技术改造，油页岩公司职工队伍也经历孕育期、成熟期到发展壮大期的华丽蜕变。伴随着第一个化工企业从一张白纸上勾画出发展蓝图，职工队伍也从一群"游泳池边试水温"的雏儿成长为化工生产能手。在企业发展和职工队伍成长中，职工素质提升、人才引进与培养起到了催生促长的重要作用。

一、导师带徒，"孵化床"上快速成长

　　生产页岩油产品是集团公司的一个全新产业，方炉炼油在国内也属首家。从2010年第一台方炉点火成功到2013年正式移交的3年，是油页岩职工队伍的"孵化期"。油页岩公司的职工来自各生产矿的采煤工和原水泥厂分流职工，面对一个全新的产业，一切从零开始。让全体职工在3年的时间内熟练掌握全套设备的操作、维修、维护是摆在油页岩公司面前的一场考验。油页岩公司制定了《职工技能培训三年规划》《职工培训考核办法》等一系列制度，提出"是英雄、是好汉，岗位操作比比看"的口号，充分利用与设备厂家技术人员联合试运行的有利时机，开展"导师带徒"活动，由厂家技术人员一周一讲课、一对一结对、手把手教授，对职工每月一考试，加压驱动职工学习专业技术。以刚性需求培训为导向，以满足生产运行组织为目标，以操作规程、安全规程、运行规程为重点内容，加快培训培养懂技术、会操作、能维护的人才队伍，为后期油页岩公司安全生产运行奠定了基础。

将学习态度、学习成果、考试成绩与职工效益工资挂钩考核，正向激励职工学习积极性。将技能素质考核作为管理人员选聘及科队级管理人员提拔的首要条件，选拔技术带头人，为油页岩公司培养管理人才和技术人才队伍。通过党委全面领导，全员全过程全方位参与，职工综合素质全面提升，培养管理人员50人，各岗位操作工144人，基本满足了正常安全生产需求。2013年底，自主完成了各项安全规程及操作技术规范，形成了管理机构健全、机制完备、技术娴熟的职工团队，有力保障了移交后油页岩公司生产安全面正常运行。

二、持续培训，全员素质再度提升

2013年，油页岩公司所有机组全部移交窑街煤电集团公司，如何让8台方炉安全高效运行，完成达产任务，实现既定盈利目标，成为亟待解决的难题。油页岩公司采取以干促学、工学结合方式，培养技术骨干和岗位能手，促进安全高效生产。

委托培训，培养技术骨干。围绕油页岩干馏工艺各工段技术、流程和项目整体运转，在职工中层层选拔文化基础好、学习能力强、善于钻研的员工走出去，开阔视野，学习国内先进企业的管理和操作经验，先后委派60多名职工前往中国石油大学和神木三江进行专业学习培训，使他们迅速成长为各车间主任和安全、生产部门负责人，为油页岩公司全面达产储备了技术队伍，解决了投产运行后高技能人才短缺的难题。立足油页岩公司实际，先后围绕干馏工艺、危险化学品管理、受限作业等专业课题，每年在兰州资源环境职业技术大学等科研院所培训1300人次以上，近3年累计培训超过4000余人次，为企业长足发展提供人才保障。

轮岗交流，提高综合素质。在油页岩公司投产初期，由于没有达产，企业效益不好，职工收入低，人才流失严重。往往因一个车间主任的调离，会直接影响整个车间的正常生产。为尽快解决技术人才短缺瓶颈问题，油页岩公司实行定期轮岗，让各车间主要技术骨干定期轮换，实现一岗多能，先后轮岗50余人。目前，安全管理部、生产技术部及4个生产车间负责人都能达到一岗多能要求，无论交流到任何岗位都能胜任工作，在包车间、包机组等包保工作中发挥着指导作用。同时，积极培养后备干部，实现了新老接替正常有序，未发生因人员流动影响正常生产的事情。

自主培训，培养高素质团队。针对职工文化素质参差不齐、自学能力低的现状和新老员工更替、主要生产岗位人员接续困难的问题，从"组织保障、贯彻落实、规范管理、效果检验"四个方面着手，实行每周一课、每日一题、每月一考、每季一评的"四个一"自主培训，并实行积分制考核，让每一名员工熟知岗位操作流程、风险辨识、应急处置等应知应会知识。采取以老带新、以强带弱的现场培训，提升重点岗位人员的操作技能，签订师徒合同，每年评选优秀师傅和先进学徒实行奖励，激发员工学技术的热情。通过多年的坚持和努力，调火工等关键技术工种岗位再没有出现断层现象。

三、引进培养，人才梯队持续接力

随着企业发展和国家对环保工作要求的提高，油页岩公司已经成为窑街煤电集团循环经济产业链上的中心环节，上游要解决生产矿开采保护层生产的油页岩利用，下游连接着绿锦环保公司油页岩高质利用项目原料供应，为达到国家循环经济示范基地相关要求，需要有高端技术人才支撑。

广纳英才，增强企业发展后劲。油页岩公司聚焦"招才、引才、聚才"战略，树立强烈的人才意识，以技术人才需求为先导，精心引入复合型人才、科创人才、青年科技人才，打造高素质人才队伍。2019—2021年，先后引进化学工程与工艺、材料加工工程、过程装备与控制、材料成型及控制、化学工程等主体专业大学生8名，为企业发展补充了新鲜"血液"。为了让引进的人才快速成长，对新分配大学生，定期落实实习交流制度，让他们在每个岗位实习锻炼，熟悉全厂生产流程，加强对专业技术和业务能力的全面提升，并在工资福利等方面优先照顾。对一些技术骨干和大学生员工实行外出学习交流等激励措施。选择制约企业发展的难点，让大学生员工、技术骨干组成课题组，2021年选择7类54个课题，与科研院所合作技术攻关，为他们提供学习和发展平台。在管理人员选聘上予以精神激励和政策支持，从岗位晋升上消除论资排辈、封闭循环，以爱才惜才之心安排任用，使不同专业特长、不同能力水平、不同经历经验的人在最适合的岗位上发挥出最大作用，发挥出最大优势。2019—2021年，引进的大学生没有流失。目前，根据专业特长，8名大学生都在重要技术岗位上担任技术员或业务主办，每个人有了充分展示才华和快速成长进步的舞台。

技能收购，优化技能结构层级。先后在兰州资源环境职业技术大学等培训基地，参加煤矿安全师资质认证、应急预案管理、危化品管理、计算机软件应用、班组长安全资格培训、安全管理人员安全资格培训、民法典专题培训、职业卫生与工伤预防培训、消防专项培训、设备自动化培训、计量设备培训、科研管理人员素质提升培训、注册安全工程师培训、专业技术人员继续教育等多个工种、专业技能培训100多人次，主要岗位人员实现了全覆盖轮训。依托全员素质提升，2021年，油页岩公司专门印发文件，利用"中安云"平台，参加集团公司职业教育中心组织的网上全员素质提升培训学习190人，实现了全员覆盖，"三项岗位"人员持证上岗率100%，紧缺技工得到补充。目前，焊接与热切割工3人，高低压电工7人，桥门起重工3人，锅炉工2人，装载机司机13人，危化品安全作业人员15人。各类专业技术人员46人，占职工总数的23.7%。通过这些专项培训教育，进一步丰富了干部职工的理论知识，提高了岗位操作技能。对取得学历人员全额报销学费，鼓励职工自学提升学历，通过自学达到研究生学历4人，大学本科15人，大学专科48人，中专（高中、技校生）56人。目前，大专以上学历占职工总数的34.5%；专业技术人员高级职称5人，中级职称8人（工程类3人），初级职称18人，助理级13人，员级2人。油页岩公司职工队伍知识、技能结构得到了有效改善。

强化师资，确保技能培训时效。油页岩炼油技术在国内日益成熟，但由于生产方式和工艺各不相同，没有可以完全借鉴复制的技术和经验，大多数生产中难题的解决和提高油收率等技术改进工作还需要企业自主研发解决。为适应新发展要求，油页岩公司进一步扎实开展培训工作，培养高技能人才，首先强化内部师资力量，积极组织本公司兼职教师参加教学能力提升培训。一方面，做好主体专业课程培训。细化完善兼职教师师资库，建立专兼职教师档案，积极推行落实领导干部、技术人员进课堂、上讲台，并做好授课统计、考核评价等工作，每季评选优秀教师和优秀课件，给予200~1000元的奖励，保证主体专业课程保质保量完成。另一方面，加大品牌课程培训力度。由总工程师牵头，各专业技术人员参与，对承担的化工专业品牌课程集中审定。其次，加强专兼职教师考核，对课程设定实施跟踪管理。积极开展培训质量评估，从课程设置、培训管理、教学内容等方面多维度制定评估标准。规范培训档案管理，实现培训一人一档、一期一档电子化管理，建立完整的素质提升档案。目前，油页岩公司兼职教师队伍已有20余人，汇集专业技术人员群策群力、共同为企业培训教育工作的蓬勃开展凝聚力量。

站在新时代新起点，油页岩公司将认真贯彻新发展理念，紧紧抓住被列为国家循环经济示范项目重点单位的重要机遇，不断强化专业技术人才培训工作，以新知识、新技能满足企业发展新要求，为窑街煤电高质量发展闯出新路子，作出新贡献。

五项机制催生高素质队伍

甘肃窑街固废物利用热电有限公司

素质是立身之基，技能是立业之本。近年来，热电公司打破传统人才培养模式，牢固树立"不拘一格育人才"工作理念，用好人才"第一资源"，推动发展"第一要务"，狠抓"精准引才、科学育才、用心留才"三个环节，大力实施新时代"人才强企"战略，持续在探索培训模式上下功夫，在检验培训效果上求实效。通过"管、培、精、购、实"五项工作机制，深入推进全员素质提升工程，让人才在企业干事有平台、发展有空间。厚植人才成长发展沃土，引领广大职工群众积极创新创造创效，打造了一支数量充足、结构合理、技能精湛、善于创新的素质高、作风硬、纪律严、适应战略发展需要的职工队伍，形成了全员素质提升与企业安全高效、平稳健康发展齐抓共管协同联动的工作机制和格局。

一、完善"管"的制度压责

开展全员素质提升工作，是实现企业"十四五"目标愿景的迫切需要。热电公司着眼企业的长远发展和对人才的整体需求，把全员素质提升到关系企业兴衰成败的战略高度，全力打造与新时代相适应的高素质知识化专业化复合型高素质职工队伍。

强化组织领导担责任。按照"党管培训"原则，热电公司成立以党委书记为第一责任人的职工素质提升领导小组，组建职工素质提升统一领导、分工负责，归口管理机构，建立职工素质提升培训室，配齐配强培训部门人员力量、设施，形成了党委牵头总抓、分管领导主抓、党支部书记具体抓、行政负责人协助抓的齐抓共管格局。

健全管理体系夯基础。热电公司将培训工作摆在推动高质量发展的高度来谋划，综合施策，强化体制机制建设，先后制定热电公司《职工素质提升工作实施方案》《职工素质提升教育培训管理制度》《"雨课堂"培训考核管理制度》，明确各级组织培训任务和工作职责，为搞好培训工作、提升职工素质提供了制度保证。

完善工作措施抓落实。将培训工作列入年度工作计划，与安全生产同规划、同部署、同落实，建立健全"公司—部室—车间—班组"的培训教育体系，把培训教育纳入党建工作目标责任考核，纳入各车间、部室安全结构工资考核，纳入党支部工作目标管理考核，纳入党支部书记述职评议考核，纳入各级领导班子成员年度履职及聘期综合考核，确保了职工素质提升工作责任落实落地。

二、找准"培"的方向促学

立足职工队伍素质现状和岗位工作需要，牢固树立"培训不到位就是最大的安全隐患"的理念，遵循"以训促学、以学促干、以干促进"原则，通过常态化开展名师带徒、岗位练兵、技术比武、专项培训、送教到车间、"现场+实操"线上线下相结合等多种方式教育培训，搭建立体式"自学平台"，全力为广大职工提升素质、成长成才搭建平台、提供机会，培养造就更多的生产骨干、行家里手、技能大师，建立起了广覆盖、多层次、实落地的教育培训网络。

制定计划"督促学"。热电公司每年年初，通过召开座谈会，按照"缺什么、补什么，管什么、懂什么"的要求，广泛征求职工意见建议，精准制定职工素质提升工作方案，明确工作目标和任务，在真培实训、精培善训、喜培乐训上下功夫，保障公司用工接续不断档，确保职工素质提升各项工作的落实。

导师带徒"领着学"。充分发挥技能专家、技能大师"传、帮、带"引领作用，定期开展劳动竞赛、岗位练兵、技术比武活动，激发职工比学赶超、争当先进典型的劲头。结合生产实际，开展"小创新、小发明、小改革"活动，促进知识价值相互融合。近三年来，已完成科技创新成果15项，累计创效1464.3万元。

网络培训"线上学"。依托"雨课堂"、微信群等线上培训平台，以各部室、车间为单元建立班级群11个，部门负责人担任班主任，组织专业技术人员编制各岗位素质提升学习教材和各工种动态题库。每周在"雨课堂"、微信群、QQ群发布专业培训内容，职工随时随地进入微信公众号进行学习，在实现自主学习的同时，有效解决了工学矛盾。特别是利用"热电之窗"平台组织开展的"安全知识"有奖答题竞赛活动，使职工在主动参与学习安全知识的同时还能获得奖励，极大地激发职工参与学习的积极性。2021年下半年以来，累积参与答题活动2900余人次，职工参与率达97%以上，兑现奖励金额2.5万元。

聚焦实战"现场学"。把培训课堂搬到生产、检修一线，以实物当教具，借助导师带徒培训模式，以每日一题的方式开展安全理念灌输、行为规范、危险预知、危害辨识，以及《运规》《安规》、"两票三制"等方面的培训教育。通过实操演练、互动交流、重点讲解的三重模式，把枯燥的理论学习内容演化为具体生动的现场实践教学，进一步提高职工业务素养和培训质量。

三、朝向"精"的目标发力

跟上智能化时代步伐的唯一途径是全员学习、终身学习。热电公司紧紧围绕企业改革发展中心任务，围绕"全员培训、全员提升素质，不落一人"的目标，把"知识型、技能型、创新型"职工队伍建设摆在首要位置，用好培训教育这个加油站，坚持"四个精准"不动摇，团结带领广大职工积极投身企业高质量发展主战场，锻造了一支忠诚党的事业、符合发展需要、满足职工期待的高素质专业化职工队伍。

培训对象精准。重点是以热电公司主要领导为首的各层级管理人员，以总工程师为首的各层级工程技术人员，以车间主任为首的各岗位操作人员，各有侧重，干啥学啥，缺啥补啥。管理人员带头学《安全生产法》《电力安全规程》等法律法规、规章制度，增强依法治安、依法治企能力；工程技术人员结合工作实际学《安全规程》《操作规程》《技术标准》《安全生产标准化标准》等国家标准、行业标准、技术标准等，发挥技术保安作用；车间主任带头组织本车间职工立足岗位学各工种操作规程、作业标准等，进一步提高了学习培训的针对性和实效性。

培训内容精准。将安全风险管控、隐患排查治理、安全生产标准化、应急处置预案、"四位一体"、岗位流程作业标准、"两票三制"全部分类纳入职工教育培训内容，做到职工知风险、会操作、能防范、懂逃生。坚持单位每月、车间每周开展一次警示教育活动，事故警示教育范围涉及电气、机炉、燃运、化水、检修等专业领域，全员参与，真正做到把历史上的事故当成今天的事故对待，警钟长鸣；把别人的事故当成自己的事故看待，引以为戒；把小事故当成大事故来分析，举一反三；把隐患当成事故来看待，未雨绸缪，有效预防和遏制了各类事故的发生。

培训方式精准。以电、钳、焊、热工为依托，打造实操实训基地，安排技术素质过硬的技能人才，实施面对面、手把手演练操作培训。对关键岗位以及各类技术人员实施精准培训。通过"请进来"与"走出去"相结合的方式，积极邀请专家教授来热电公司进行集中培训、传经送宝。安排部分管理、技术人员赴管理先进单位学习取经，参加集团公司组织的各类培训，将职工所学与实际工作相结合，坚持学以致用，提高职工综合素质。2021年6月以来，组织"请进来"培训4场次，累计参培440人次；组织"走出去"培训17场次，累计参培164人次。利用集团公司与兰州资源环境职业技术大学、中国矿业大学、浙江大学等校企联合这一资源优势，分批次组织人员进行脱产、半脱产学习教育，提升职工学历。2022年，热电公司中专及以上学历职工占比为67.82%，较2020年上升了2.7%；中级以上技能等级职工人数占比为37.75%，较2020年上升了4.6%。

四、加大"购"的力度重奖

热电公司始终秉承"培训是职工最大福利"工作理念，本着"干什么学什么""缺什么补什么"的原则，不断创新人才培养、评价、使用、流动和激励机制，进一步完善职称晋升和技术人才晋升通道。指导、鼓励职工做好职业生涯规划，抓好学历提升教育，严格落实好技能水平、技术能力、学历收购等措施，为各类人员成才成长创造条件，深入推进"比学赶超"职工素质提升工程。

开展技能等级收购。着手培养一批工程技术、技能专家等方面的人才，提升热电公司技能人才的创新能力和技术攻关能力。对职工提升技能等级和"师带徒"培训效果进行收购。对首次取得中级工、高级工、技师、高级技师职业资格证书的职工给予一次性奖励，师傅按照每带出1名技师、高级工、中级工，给予一次性奖励，让职工感觉通过师带徒培训和技能鉴定既有面子又有"票子"，提高了职工学技术传技能的热情，使一些行之有效的操作技能、应急经验得以延续、传播，2022年，签订"师带徒"合同16份。

开展职称资质收购。鼓励支持专业技术人员参加各类执业资格、注册师考试及专业技术职称评审，帮助各类人才加快成长成才，为热电公司高质量发展做好人才储备。2022年，热电公司新聘用5名取得注册安全工程师资格的职工，报销了相关费用并按标准每月发放津贴。

开展隐患排查收购。按照《热电公司安全隐患收购管理办法》，对职工发现的风险隐患"明码标价"，根据隐患级别在月底安全结构工资中给予收购兑现。在增强职工排查整治各类安全隐患积极性和主动性的同时，不断提高职工辨识事故风险的能力。2021年以来，热电公司收购隐患457条，兑现金额2.3万元。

五、突出"实"的举措铸魂

热电公司顺应高质量发展的时代潮流，通过坚定不移强化素质提升，全力建队育人，进一步探索拓宽人才培养途径，充分挖掘利用一切资源，立足实战、实用和实效，不断提高广大干部职工综合素质。让全体职工都成为"富有理想、与时俱进、精通技能、遵规守纪、热爱劳动"的高素质劳动大军。

抓党员队伍，铸精神之魂。以党员"亮身份、担责任、树形象"为抓手，积极推进"党支部安全生产责任区""党员节能降耗示范岗""党员安全生产示范岗"等创建活动，将评比考核量化于具体的岗位、工作和普通员工之中。通过示范岗上比技术、比干劲、比奉献，激发了党员的使命感和责任感，调动了员工的学习主动性和积极性，全面掀起了比学赶超、竞相发展的新热潮。

抓班组建设，铸安全之魂。认真开展"人人都是班组长"班组全员自主管理活动，通过班前、班后会的"每日一题"活动，及时了解员工危险源辨识和风险预控知识的掌握情况；通过"人人讲安全、事事为安全"活动，组织员工深入生产检修现场查设备找隐患，并用手机、相机拍摄工作中的违规作业行为和存在的安全隐患，通过互查互评、互帮互助，培养了一支政治过硬、安全过硬、业务过硬、管理过硬的"四个过硬"班组长队伍，营造了"处处建立安全监督岗，人人争当安全监督员"的良好氛围，提升了职工综合素质。

抓青工成长，铸奉献之魂。以"青年大学习"等团员活动为载体，抓好引进大学生员工的培养工作。通过"师带徒""传帮带"等形式，有针对性地将老师傅丰富的工作经验、娴熟的操作技术和处理解决实际问题的能力"手把手"传授给青年职工，鼓励青年职工向经验学、在网上学、从书本学，立足岗位练就符合企业发展需要的过人本领。为青工技能提升搭建广阔舞台，鼓舞青工在比赛中学习、锤炼、提升，努力造就有理想、守信念，懂技术、会创新，敢担当、讲奉献的新时代青工队伍。

"发展是第一要务、创新是第一动力、人才是第一资源"。建设高素质职工队伍是一个长期过程，需要多措并举、久久为功。站在新时代新起点、走好实现第二个百年奋斗目标赶考路上，热电公司将继续按照集团公司"十四五"人才战略安排部署，沿着打造满足企业需求的"知识型、技能型、创新型"新时代高素质职工队伍的"路线图"和"时间表"，以更高的站位、更宽广的视野、更长远的眼光，将职工素质提升工作融入高质量发展全过程。以高素质职工队伍支撑高质量全面发展，聚集企业高质量发展磅礴力量，为早日实现全国一流能源企业愿景目标而奋斗！

紧抓五个关键点 质量效益双提升

窑街煤电集团甘肃金凯机械制造有限责任公司

金凯公司主要承担着集团公司内部各生产矿的锚网支护产品和矿用设备的加工制造及维修业务。近年来，金凯公司坚持从"思想高度统一、科学统筹谋划、服务发展需求、创新培训模式、全程跟踪管理"五个方面发力，狠抓全员素质提升工作，推动公司产品质量和服务质量 "双提升"，为把金凯公司打造成为集团公司各生产矿的服务中心、矿用设备材料配件的制造中心和矿用新型材料的研发中心提供了人才和智力支撑。

一、正视"剧痛点"，凝聚共识求突破

金凯公司前身为窑街矿务局机修厂，在过去漫长的发展岁月中几经整合重组，2013年成立了金凯机械制造公司。公司成立之初，由于金凯公司思路不够开阔、办法不够多、自主创新能力不强，缺乏核心技术支撑，特别是在新产品开发和产品升级换代方面差距较大，大部分设备为老旧设备，故障多、精度差、效率低、成本高，主要产品的技术含量和附加值不高，市场竞争能力不强。同时，由于近10年金凯公司未补充"新鲜血液"，随着老职工的逐年退休，造成技能人才青黄不接，给安全生产和技术管理造成了一定困难。金凯公司要面向市场和实现长远发展，就必须解决制约发展的瓶颈问题。2019年，正值集团公司开始推行全员素质提升行动，金凯公司以此为契机，正视自身"剧痛点"，通过广泛征求职工意见建议和组织开展专题研讨会，大家一致认为，要实现高质量发展，就必须建立一支高素质职工队伍，全员素质提升是必然选择，否则新技术、新工艺、新装备就难以发挥其效能，管理工作更是无从谈起，主动适应新时代和新一轮能源技术革命新趋势，是提升全员素质是适应新时代企业发展的必然要求，也是基本要求，这

一思想在全公司达成了高度统一。

二、找准"切入点"，统筹谋划求实效

金凯公司把全员素质提升工作抓实抓牢，基本做到了职工教育培训工作抓有方向、行有目标、做有实效。

机构机制保提升。金凯公司在坚决贯彻落实集团公司关于全员素质提升工作安排部署的同时，结合自身实际情况，制定出台了《金凯公司职工素质提升工作实施方案》《金凯公司3—5年职工素质提升工作规划》等实施性文件。金凯公司党委注重调动本公司全部资源，对培训工作把关定调、牵头抓总，将全员素质提升工作与安全生产、经营管理同谋划、同安排、同考核，建立了以党委书记为第一责任人的职工素质提升领导小组，组建职工素质提升机构，配齐配强培训部门人员力量及设施，形成了组织机构健全、相关部门分工明确和协调配合的全员素质提升工作新格局，促进职工教育培训工作取得实实在在的效果。

内容计划保效果。职工培训教育工作是一项长效、持续、完善和发展的工作。金凯公司每年坚持开展职工培训需求调研工作，由培训主管部门根据调研结果编制年度职工培训计划，让职工培训教育工作有抓手、能落实、见实效。2019年以来，在金凯公司层面安排职工培训教育96场次，培训职工共2856人次。

三、夯实"支撑点"，对症下药求进步

金凯公司坚持简便易行、务实管用的培训理念，不断增强素质提升培训教育工作的针对性和实效性。

靶向培训力求精准。针对技术工人短缺及不同工种在作业过程实操中存在的问题，金凯公司及时安排相关专业工程技术人员、技术专家、窑煤工匠进行一对一的专项培训，针对不同时期、不同环境、不同任务、不同岗位、不同人员实施精准靶向式培训32场次，13名职工已培养成本公司技术骨干；2名职工在全省百万职工素质提升活动技能大赛中获得"甘肃省技术能手"

荣誉称号，培养出"窑煤工匠"1名；培养集团公司技术专家4名、技能专家2名。通过学历提升活动，1人取得研究生学历、16人取得本科学历。

警示教育做到长效。金凯公司牢固树立"安全管理、培训先行""培训不到位是最大的安全隐患"的职业培训教育理念。一方面，金凯公司坚持每月召开一次安全办公会，每期安全办公会上播放与机械制造行业相关的安全警示教育片，并组织全员开展事故警示教育活动，真正把别人的事故当成自己的事故来对待，举一反三，引以为戒。另一方面，为从根源上解决影响安全生产的思想和认识问题，坚持树牢安全"零隐患、零违章、零失误"，确保"零事故"的理念，根据现场作业中出现影响安全的习惯性违章行为，有针对性地及时开展现场警示教育，超前预判分析存在的安全隐患，把安全风险管控挺在隐患前，隐患排查治理挺在事故前，变事故的分析处理为隐患的超前排查预防。在日常工作中形成了"危险预知、安全站位、安全确认、流程作业"四位一体的标准化岗位作业流程，从根本上消除了在安全生产中"人"的不安全隐患，为安全生产提供了重要保障。近几年来，金凯公司未发生轻伤以上非伤亡事故，安全管理水平有了明显提升。

自主管理全员覆盖。金凯公司在持续抓好"人人都是班组长"全员自主管理的同时，各分厂（车间）通过自主创新，编写了班前会班歌、口号，提振信心、鼓舞士气。机关部室负责人依照"进车间、入班组、促安全"的活动安排，每天坚持参加分厂（车间）班前会，重点围绕岗位安全生产责任制、安全操作规程、安全风险辨识、隐患排查治理、安全站位、作业流程标准、培训教育等内容，常念安全"紧箍咒"，充分发挥了班前会安全培训、安全思想教育的重要阵地作用和安全管理"网格化"的"最小单元"作用。近年来，金凯公司先后共有5个班组被集团公司评为"优秀班组"。

四、抓实"着力点"，技术技能求创新

针对以往职工培训教育内容单一、吸引力不强、学用结合不紧密等问题，创新实施"外请+内选""所需+所愿"培训模式，实现了职工所需与发展所急、干部愿望与组织安排的有机统一。

开阔眼界，激发创新意识。近年来，金凯公司邀请有相关理论基础和实践经验的老师进行知识讲解7场次。安排部分专业技术人员带着任务、带着目标前赴相关机械制造企业学习先进管理经验5次，并将先进经验和学习成果带回金凯公司转化借鉴应用，如从山东海纳等离子科技有限公司引进的金属表面等离子熔覆强化技术及其专用设备，其产品现已在集团公司各生产矿全面投入使用，自主生产的截齿使用寿命是其他厂家的1~2倍，大大降低了各生产矿的使用成本。现已初步形成"等离子强化型截齿"品牌产品，为公司品牌建设奠定了基础。

现场培训，提升专业技能。金凯公司为了利用好现有人才资源，加大技能人才培养力度。其一，大力推行"双师带徒"(两个师傅带一个徒弟，一个教理论知识、一个教操作技能)培训方式，开展形式多样的技能传授活动，充分发挥技术骨干"传、帮、带"的引领作用。其二，充分利用设备检修、岗位练兵、观摩研讨等专项培训平台，安排以专业技术人员和有经验的业务骨干现场讲解、师傅操作演示、学徒上手体验为主的实操培训。其三，坚持每年开展技术比武活动，达到了"学、赛、练"的有机统一，以此促进职工技能水平的不断提高。近几年，本公司荣获集团公司"技术标兵"荣誉称号16人次，职业技能等级晋升9人次。

知识更新，提升创新能力。充分利用互联网平台，结合安全生产经营实际，坚持每天向"雨课堂""阳光金凯"公众号、微信群推送相关学习资料，并将职工学习情况和答题情况与月度工资挂钩，达到了职工参与网络培训教育全覆盖，实现了线上线下"齐步走"，克服了工学矛盾，提升了培训质效。特别在引进新设备、新材料、新工艺的同时，邀请厂家技术人员开展以"四新"（新技术、新工艺、新设备、新材料）为主要内容的知识更新及职业技能培训，增强了本公司科技创新能力。2019年以来，在金凯公司层面完成技术创新成果48项，98%以上的成果在生产中得到应用；上报集团公司技术创新成果16项，其中高锰耐磨钢铸造技术研究成果被集团公司评为科技创新成果一等奖；此外，大型中部槽整体铸造技术研究与应用被集团公司评为科技创新成果二等奖。

五、紧盯"关键点"，全程管控添动能

遵循干部职工成长规律，变抓节点为抓全程，突出动态和过程管理，建立"考核+倒查+交流"的"管到底"职工培训教育链条，在强化全程跟踪管理的同时，重点突出培训教育的评价机制，确保职工教育取得实实在在的效果。

考核评价添动力。将全员素质提升工作纳入月度党建工作目标管理考核、基层党支部书记述职评议考核、科队级管理人员年度履职综合考核，并将考核结果纳入本单位安全结构工资进行奖罚。注重现有专业技术人员和职业技能人员的年度考核结果运用，将考核结果与评先选优、职务晋升挂钩，促进技术技能人员自我加压、自我学习、自我成才、自我出彩。

实施倒查添压力。凡因培训不到位造成重大安全隐患或发生事故的，倒查分厂（车间）和有关人员的培训责任；上级各类检查过程中查出培训问题的，一律追究分厂（车间）主要负责人的责任，并按《金凯公司安全生产事故隐患排查治理管理办法》《金凯公司安全生产事故责任追究制度》的相关规定严肃追责问责，倒逼职工培训工作的全面落实。

人才交流添活力。按照《金凯公司机关管理人员选拔任用和任职交流管理办法》《金凯公司管理人员能上能下实施办法》，结合岗位实际，有针对性地列出交流计划，为金凯公司大多数职工提供岗位历练平台，培养复合型人才。打破职称和工种界限，将业务能力强、有上进心、善于钻研和学习的人员安排到重点岗位进行锻炼，加快将他们培养成业务骨干和技术能手，促进青年职工成长成才。金凯公司技能人才占比由2018年的37.27%提升到目前的50.45%，大专及以上学历职工占比由2018年的44%提升到现在的55%。

抓质量，创一流，人才竞争占鳌头。随着矿井智能化发展，采煤设备日益更新，金凯公司也面临着新的挑战和机遇，全员素质提升和人才发展战略是一项贯穿今后的长期性任务。金凯公司将秉持服务煤炭生产、开拓外部市场的发展思路，持续推进素质提升、技术创新能力，不断强化市场竞争力，在企业高质量发展中闯出新路子，作出新贡献。

"四抓"强素质　　"双赢"助发展

窑街煤电集团有限公司铁路运输公司

坚持以人为本发展观，大力实施人才强企战略，是推动企业高质量发展的重要保障，也是实现企业"十四五"目标愿景的现实需要。近年来，铁运公司认真贯彻落实集团公司关于推进职工素质提升工作的一系列部署要求，聚焦铁运设备更新换代升级、管理半径拓展至青海宜化、运输品种经营业务多元化、参与市场激烈竞争越加频繁等新特征、新变化、新趋势，始终坚持把提高职工队伍整体素质作为一项战略任务抓紧抓好，把职工素质提升工作摆在与安全生产、高质量发展同等重要的战略高度来认识，注重以"四抓"深入推进全员素质提升行动，引导职工学习新知识、掌握新技能、增长新本领，最终实现企业与员工同成长、共进步的"双赢"目标。

——"抓机制建设"，完善素质提升工作体系

根深才能叶茂，基固才能楼高。铁运公司坚持把机制建设摆在全员素质提升工作的突出位置，严格落实党组织主体责任，探索形成了"党委领导协调、行政规划实施、工会全力配合、团委积极参与"齐抓共管的工作机制，确保了全员素质提升工作常态化、精准化、科学化。

强化组织建设。围绕构建完善党政工团齐抓共管的全员素质提升工作格局，铁运公司党委专题研究部署开展素质提升工作，以党政联合发文的形式，形成了涵盖思想道德、安全技术、岗位技能等方面的综合素质提升培训任务清单，通过确定责任部门、工作内容、完成时限等，明确"时间表""路线图"，明确素质提升工作方向。成立了以党委书记、公司经理为组长，公司副经理、工会主席为副组长，机关各部室、各段（队）主要负责人为成员的全员素质提升工作领导小组，为有力有效推进铁运公司全员素质提升工作提供了强力保障。同时，每季度组织召开职工教育培训素质提升工作专题会议，研究解决阶段性素质提升工作遇到的培训效果不明显、职工接受能力参差不齐、老师授课方式方法简单等问题，安排部署下一季度具体工作，为推进全员素质提升工作搭建了交流经验、取长补短的学习平台。

构建培训体系。注重完善公司、段（队）、班组三级教育培训管理体系。由综合办公室牵头负责做好职工培训的宏观管理和政策引导、指导协调、督促检查，统筹安排年度职工素质提升计划，制定进度表。2021年安排素质提升培训55期、安全培训69期。段（队）层面主要负责安全生产、规章制度、操作规程、作业设备安全使用和管理等培训，共117期，参加2948人次。班组层面由班组长负责对作业现场安全标准化、安全风险辨识、实操演练等进行培训，共36期396人次。通过三级体系培训，让职工在岗前、岗中得到充分的学习与实践，寓教于学，学以致用，职工安全生产意识增强，有效遏制违章作业，"三违"同比下降33.3%。

固化制度保障。为规范化、制度化、长效化推进全员素质提升工程，铁运公司根据国家有关企业职业教育培训法律法规要求及《窑街煤电集团有限公司职工职业教育培训管理办法》，紧紧围绕企业高质量发展目标要求，结合本单位安全生产实际，制定了《铁运公司职工素质提升3—5年规划》，解决了以往培训体系不健全、培训目标不明确、培训主体责任落实不够、职工队伍整体素质不高等问题；制定《铁运公司安全培训管理制度》，从源头上加强职工安全素质教育，让安全培训管理工作有章可依、有据可循。

重视阵地建设。2021年投入5.98万元，新建培训室一间，更新展览室、图书室，并为各段（队）添置了教育培训所需的图书80余本，投入电脑、投影设备、笔记本电脑、打印机等设备35.64万元。利用现代化教学设备，采取短训班、讲座、座谈、黑板报、宣传画、观看安全影像、参观展览、事故现场分析会等灵活多样的形式，并结合事故案例进行教育，给人以启示警戒，使职工逐渐提高参训意识，认识到培训与自己的切身利益有关，帮助职工提升岗位胜任力、学习兴趣、自保互保意识，培训观念从"要我培训"向"我愿培训""我要培训"自然转化，形成了良好的培训氛围，自保互保等取得了显著成效，安全生产实现"零受伤"。

——"抓重点工作"，丰富素质提升工作内容

铁运公司面对近年受周边企业关停、限产等导致运量下滑带来的生产经营困局、生产设施设备陈旧、职工年龄结构偏大、安全管理难度大等严峻形势，始终把提高经济效益、增强竞争实力、强化重点岗位教育培训、实现国有资产保值增值作为工作的出发点和落脚点，想方设法吸引和组织职工群众投身企业改革发展中来，积极行动转思路、挖内潜、调结构，最大限度地把职工群众中蕴藏的创新活力和创造潜能激发出来，切实增强职工素质提升工作质效。

党建引领，党员先行，增强素质提升工作的针对性。动员广大党员干部立足岗位作表率，努力为生产加油、为发展出力、为梦想出彩。面对铁路线路老化严重、设备更新滞后等不利条件，始终牢记和认真践行"生命至上、人民至上"安全发展理念，2021年以来，积极开展"党员身边无三违"安全理论学习、知识竞赛、警示教育等，教育引导广大党员坚守党性原则，以法治思维对待安全生产，切实把党员的先进性和纯洁性体现在消除安全隐患、有效遏制事故上，立足岗位主动亮身份、践承诺，10个党员示范岗、责任区成为滚滚铁轮中先锋"底色"，党员全部杜绝"三违"，党员包保班组"三违"人数同比下降10%、隐患整改率100%，打造形成了"一个班组就是一个责任区、一个岗位就是一个示范点、一名党员就是一个标杆"的安全治理模式。面对疫情大考，广大党员牢记入党铮铮誓言，坚守初心不动摇，带头"上讲台、下现场、进段（队）、入班组"，深入学习宣讲习近平总书记关于疫情防控工作重要讲话指示精神，宣讲省市区和集团公司疫情防控最新政策。党员干部始终坚守在行车组织、机车检修、原煤外运、职工通勤等抗疫保供一线，先后将200多万吨（含青海、新疆等）"乌金"输送到了工厂企业、千家万户，为全省电煤"迎峰度夏""迎峰度冬"作出了积极贡献。汽车队党支部在通勤车少、驾驶员缺、乘车人数猛增的情况下，让誓言在争优中实现、让党徽在奉献中闪光。在加强交通安全培训教育的同时，第一时间组建成立"党员突击队"，实行铁运公司班子成员包保通勤车管理，圆满完成了组织交办的急难险重运输任务，实现了通勤车零事故、乘坐职工零感染"双零"目标。

突出重点，科学培育，增强素质提升工作的实用性。积极与青藏公司、兰州铁路局等国铁单位沟通联系，聚焦提升重点岗位职工技能素质。利用青藏公司实训基地，着力培养内燃机车司机，探索推行"互联网学习+自主培训+外派交流"模式，有效破解了现有司机年龄老化、内燃机车司机考证难的问题。2021年，17名内燃机车司机参加全国内燃机车司机考试换证，全部合格。从新入职员工抓起，采取摸底职工专业知识结构、征求岗位发展需求、通过连接员→调车长→助理值班员层层历练等全流程培养，使车站调度员经验更丰富、专业知识更过硬、应变处置能力更强，未发生铁路行车安全事故。邀请兰州铁路局高级技师对铁运公司养路工进行线路养护维修知识、行车及劳动安全知识培训，并对线路养护疑难点问题进行现场指导讲解。通过演示和互动交流，更直观地学习到铁路检修养护技能。积极参加中煤工协铁路技能大赛与全国专用铁路同行单位零距离交流等方式，提升职工技能水平。在2021年兖煤集团全国煤炭行业连接员铁路技能大赛中，铁运公司2名职工在调车作业"摘接风管""观速"项目中分别获得二、三等奖，选派2人观摩学习2019年平煤神马集团举办的内燃机车司机技能大赛，进一步开拓眼界、交流学习、促进提升。

按需调研，分类施教，增强素质提升工作的实效性。面对铁运公司岗位分散、点多线长的实际情况，按照职工的组成结构、文化状况、排班情况、安全责任等，对素质提升工作中课程设置、培训方式、培训内容、培训对象、培训时间等问题，以发放调查问卷、培训班讨论、班前会提问等方式广泛听取基层干部职工意见建议，在现有模式基础上，不断调整优化培训工作思路，对意见建议进行分析后，统筹制定了年度职工培训计划安排。2021年补充完善工作计划9条，增加了"四德"教育、事故警示教育、合同管理、网络安全、自救互救知识培训等，使培训工作更符合铁路运输行业实际。同时加强师资队伍建设，优化师资力量配置，聘用大专以上学历、中级以上职称的人员为兼职教师，聘用有丰富安全生产实践经验的工人技师为指导教师，充实教师队伍。每年对兼职教师队伍组织人员进行听课评教和评比活动，优胜劣汰形成规模适当、结构合理、素质优良、专兼职结合、动态管理的师资队伍。强化现场实践培训，发挥段（队）培训主阵地作用，重心下移，以安全隐患识别、现场操作技能和事故防范为重点，采取能者为师、以师带徒、精英教学等方式，在培训中坚持"三结合，四不同"原则，即全员培训与重点培训相结合、业余培训与脱产培训相结合、安全业务培训与新技术学习教育相结合，不同时期有不同重点、不同工种有不同内容、不同对象有不同方法、不同层次有不同要求，创新现场培训的方式和方法。

——"抓观念创新"，优化素质提升工作方式

提高培训质量关键在于创新培训方式。铁运公司依托"雨课堂"、微信平台、安全短视频等线上线下相结合的培训模式，坚持以集中轮训系统学、专题讲座分类学、行业培训实践学、外出培训开放学、网络教育自主学的"五学"模式为主渠道，以"外请专家讲+领导上台讲+业务骨干讲"为主要方式，增强与职工互动交流，激发学员学习热情，不断提升培训层次和质量。

精准培训，变"大锅烩"为"分类训"。为创新培训方式，确保培训工作的精准性，铁运公司在党员中打造理论教育和党性修养精品课程，筑牢思想根基，提高综合素质。由公司党委书记、各基层党支部书记上讲台授课，以习近平新时代中国特色社会主义思想为指导，突出政治思想教育培训，将习近平新时代中国特色社会主义思想、党的十九大及十九届历次全会精神等党的最新理论成果作为主要培训内容。2021年，共举办5期，培训183人次。

铁运公司将每周四安全学习会与职工素质提升工作统筹结合，设置"1+3"培训班次，对本段（队）各岗位人员进行不少于1期的自主安全教育培训考试+3期综合素质提升培训，将安全生产法律法规、时事政治、事故案例、安全工作会议精神等一系列培训内容纳入培训课堂；公司领导带头上讲台，机关部室长、基层段（队）长、技术工种带头人等被聘为兼职教师，明确授课时数和任务，并纳入个人年度业绩考核。2021年，公司领导授课19期，共计38学时，以实际行动支持和落实了素质提升工作。

转变思路，变"关起门"为"走出去"。近年来，现代科技发展日新月异，设备更新换代加速，按照老经验、老做法的培训方式已不能适应铁运公司高质量发展的需要。面对铁运公司无铁路实操培训场地、行业特殊性限制、更新的新能源电动车无师资力量等实际情况，铁运公司积极实施"走出去"培训方式加大对职工的培训。与青藏公司培训中心沟通联系，2021年利用青藏公司铁路实训基地，组织铁运公司20名内燃机车司机、学习司机到青藏公司培训中心分两期进行培训，选派2名运输管理人员到兰州交通大学学习铁路运输概论、铁路货物运输法律法规、铁路货物运输基础知识等，选派汽车运输队修理工分别前往银龙电动车兰州售后服务中心进行纯电动车维修技术强化培训、赴兰州新区万通机动车维修技工学校学习小汽车维修技术，累计培训时长6个月，掌握了先进的技术技能、实践经验和管理知识，为企业高质量发展提供了技术技能支撑。

强师带培，变"老面孔"为"新阵容"。为改变铁运公司现有培训依靠段（队）长、技术员自己讲为主的授课方式以及知识有局限、新理念新知识更新缓慢等现状，以"请进来"的方式，2021年邀请中植一客成都汽车有限公司、海圣感汽车维修设备有限公司等汽车维修讲师对汽车运输队修理工进行电动大客车维修、扒胎机、四轮定位、烤漆房操作等技能培训。开展导师带徒、岗位练兵、技术比武活动，加强现场培训与演练，不断提高职工安全生产主人翁意识与实际操作能力。全年共签订导师带徒合同4份，集中开展岗位练兵活动8次。通过在内燃机车司机、调车人员、养路工、大客车司机、汽车修理工中开展技术比武活动，涌现出15名技术能手，为鼓舞职工，奖励支出2.69万元，营造了浓厚的"学、练、赶、比、超"的学习氛围。

——"抓激励约束"，增强素质提升工作实效

没有教不好的"学生"，只有不负责的"老师"。通过各级管理人员、技能人才上讲台活动，加强对培训教师的课前备课质量、课中授课效果态度、课后培训效果的评估考核，达到了提高培训实效的目的。要求职工"训后"从内容安排、课程设置、联系实际、教学管理等多方面进行客观评价，全面了解培训效果，并将其作为开展教育培训工作的重要参考。

严格培训考核。实行"1+5"考核管理，狠抓培训过程管理与培训成果考核，从培训的计划、组织、实施、质量控制、结果运用5方面作出明确规定，把培训软任务变为硬指标，加强对培训效果的检验和成果运用。把教育培训工作纳入铁运公司安全体系建设要素考核、党委工作目标管理考核、党支部书记述职评议考核、业务主管和段（队）主要负责人年度履职及聘期综合考核。

严把过程管控。2021年，月度效益浮动工资考核将职工培训考核占比由原来的10%提高至20%，由综合办公室、运输安全管理部、党群工作部等定期不定期对各级各类培训情况抽查，将职工培训出勤率、考试成绩、日常表现与培训工资、岗位技能提升、技能津贴考核、技能等级评聘挂钩，放大培训成果利用。每季度集中全面进行一次检查，对培训工作不积极、敷衍塞责、落实不力、考核成绩低于90分的单位和责任人进行通报批评。假培训、假考试、假材料等造假行为，一经发现，对责任人按严重"三违"论处，对主要负责人进行追责问责。

推行正向激励。根据《窑街煤电集团公司职工教育培训经费管理办法》，优化两级培训市场化管控模式。按照管理办法，2021年对安全自主培训及素质提升专题培训进行收购，共计4.72万元；"导师带徒"培训效果进行收购1.2万元；品牌课程收购1.71万元；对职工参加脱产培训期间的工资收购1.6万元；优秀兼职教师考核成果收购0.52万元；专业技术人员继续教育成果收购0.74万元；对安全风险隐患"明码标价"收购0.89万元；全年共支付各类收购7项11.37万元，既激励了职工提高安全风险辨识和消除隐患的能力，也让职工感受到了"培训也是福利、技能就是效益"。截至2022年7月31日，推动企业实现无特别重大事故16866天，无重大事故13169天，无较大事故11909天，实现了铁运公司安全与员工收益"双赢"。

通过近年来的生动实践，铁运公司愈加深刻地感受到，当今企业之间的竞争归根到底是人才的竞争、劳动者素质的竞争。立足新发展阶段，贯彻新发展理念，构建新发展格局，铁运公司将继续坚决贯彻习近平总书记关于"劳动者素质对一个国家、一个民族发展至关重要"的要求，紧跟新时代智能化的发展步伐，始终高度重视全员素质提升工作，努力建设一支与新时代相适应的知识型、技能型、创新型职工队伍，确保企业持续高质量发展。

思想上的破冰形成行动上的突围

甘肃瑞赛可兴元铁合金有限责任公司

近年来，兴元公司按照集团公司关于职工全员素质提升工作的安排部署，坚持"素质兴企"发展理念，从职工道德素质、文化素质、业务素质、技能素质、安全素质等方面分层分类持续推进素质提升工程。经过三年的不懈努力，职工综合素质全面提升、精神面貌焕然一新，经济指标逐年攀升、企业效益稳步提升。近三年，实现利润575.37万元；技能人才占在岗职工人数比重由2018年的15%增加到目前的33%，大专及以上学历职工占全体职工人数的24%，比2018年增加16%；两项技术成果受到集团公司表彰。

一、正视问题，"破冰"前行

兴元公司是20世纪80年代原窑街矿务局为安置矿区待业青年而兴办的集体所有制企业发展起来的，由于长年没有面向社会招工，新鲜血液注入严重不足，致使职工队伍文化程度整体偏低、年龄结构整体偏大、技术技能人才力量薄弱，职工全员素质亟待提升。2019年初，在岗职工202人，初中及以下学历占比38.16%，50岁以上职工占比40.78%，专业技术人员占在岗职工总数的12.83%，技能人才仅占16.04%。企业仍然处在"定位不高、装备落后、人才短缺"的发展困境，长期依附于煤炭主业，处在市场"食物链"的最底层，职工进取心不高，在夹缝中"混日子"、求生存，曾经一度被列入"僵尸"企业。这样的职工队伍已经很难追赶智能化、信息化企业发展步伐，无法满足新建成的22500KW冶炼炉的生产工艺和技术要求。

从一个小硅铁厂发展成为现代冶炼企业，是摆在兴元公司面前的一大挑战。兴元公司党政先后多次召开高质量发展专题讨论会，认真分析总结了企业三十多年走过的生存发展之路，客观分析了公司原地踏步、遇风退步、裹足不前的原因。固然有诸多客观因素制约，但是大家普遍感受到，职工队伍学历水平低、整体素质偏低，没有发展的基础和后劲才是最致命的因素。为此，兴元公司党政一班人经过反复研究、反复讨论，统一了认识。面对智能化、信息化、现代化的工业革命浪潮，企业要想跟跑并跑乃至领跑铁合金行业发展，最要害的致命弱点在于职工技能素质与新时代发展的巨大差距上，企业生存发展最根本的命脉在职工技能素质的提升上。企业要想活下去，要想发展，必须首先抓培训、抓职工素质提升。

集团公司《全面推动高质量发展工作方案》提出的"四个定位""五个转变"以及高质量发展"十大行动"，为兴元公司加快向现代企业转型发展明确了方向，提供了指引。兴元公司职工从思想深处认识到，企业要想实现高质量发展，必须要解放思想，从提升职工技能素质破冰前行。

一是加强思想引领。利用学习会、部门例会以及"党支部书记讲党课"等多种形式，系统深入向职工宣讲习近平新时代中国特色社会主义思想、党的十九大及十九届历次全会精神，坚持以强化学习意识、提升综合素质、推动企业发展的实际行动体现增强"四个意识"、坚定"四个自信"、做到"两个维护"，推动党员干部先学一步、先行一步，带动全体职工提升素质、成长成才。

二是强化学风转变。2021年11月，兴元公司党委高度重视集团公司党委书记许继宗指出的干部在工作作风上存在的11个方面的问题，迅速组织兴元公司基层党支部和全体党员定期开展学风大反思、大讨论、大提升活动，认真学习领悟集团公司党委书记的工作要求，聚焦兴元公司新工艺新技术带来的新标准、新任务和新要求，围绕"为什么加强素质提升，如何提升技能素质"开展全员大讨论，教育引导党员干部提高思想认识，深化对加强学风建设紧迫性的认识，进一步明确素质提升的定位和标准，强化投身素质提升的自觉性和主动性。

三是固化职业道德。充分利用职工身边涌现出来的先进人物和先进事迹，加强职工职业道德教育，用先进人物的道德情操和敬业精神影响广大职工。用职工喜闻乐见的形式，举办各类活动，宣传企业理念、企业精神、职工职业道德规范，陶冶职工情操，充分展示职工才华与精神风貌。强化职工职业精神以及工作责任心教育，使职工懂得没有良好的素质，企业就会失去竞争能力，失去发展机会，导致个人随时可能失去现有工作岗位，帮助职工树立正确的工作理念和工作态度，自觉与企业同呼吸、共命运，打造职工与企业命运共同体。

二、顶层设计，完善制度

针对兴元公司干部职工中存在的把素质提升工作简单地理解为培训工作的偏差，兴元公司党政对照集团公司高质量发展要求，结合企业发展实际，从职工的学历水平、知识结构、技术职称、执（职）业资格、技能等级等方面进行了综合分析评价，制定了《兴元公司职工素质提升3—5年规划》，明确了全面优化提升政治素质、业务能力、技能水平、文化素养等提升目标，力争通过3—5年的积极努力，使企业管理水平、服务质量、办事效率、安全自主管理能力有明显提高，经济效益不断向好，实现"阶梯式"递进发展，使兴元公司最终发展成为集团循环经济产业链上的一支强兵劲旅。

一是强化组织领导。成立职工全员素质提升工作领导小组，制定实施方案，编制工作计划，认真考核兑现，协调推进工作；建立起了公司、部室、车间、班组四级职工素质提升工作管理网格，按对口业务分工，在分管业务和职责范围内抓好职工素质提升工作；以落实多项收购为主线，以技术练兵、技术创新为基础，搭建学习平台，启动以鼓励为主的"激发式"举措，不断推进工作；强化师资队伍建设。除了外委培训，兴元公司将重点放在自己的兼职教师队伍建设上，制定并落实兼职教师考核制度，建立起自己的职工素质提升"孵化器"。

二是实施政策激励。制定并严格实施《兴元公司职工素质提升工作实施方案》《兴元公司"首席技工"评聘管理办法》《兴元公司技能人才考核管理规定》等一系列制度规定，对取得岗位相关学历、职称、技能等级证书的人员，按照制度要求，在对其产生相关费用全额报销的基础上，还给予一次性奖励。在每月工资考核、奖金分配中，坚持向技术含量高、苦险脏累一线职工倾斜，让每名职工对利益看得见、摸得着、争得到，持续释放激励效应。

三是实施荣誉激励。通过授予荣誉证书、开展典型宣传报道、举办先进事迹宣讲会、报告会等多种形式，进一步加大对取得素质提升成果职工个人的荣誉激励，让他们在经济上得实惠的同时，在精神上受鼓舞，在兴元公司营造形成向先进学习、向先进看齐的良好舆论氛围，激励带动全体职工积极主动学技术、升学历、强本领。

四是实施情感激励。兴元公司工会以"我为群众办实事"活动为载体，密切关注职工工学矛盾，积极为职工解决素质提升过程中的遇到的实际问题，让他们真正感受到组织的关怀。定期邀请职工家属参加企业座谈会，让职工家属对生产工艺流程和职工作业环境、工作内容等有更加全面的了解，使他们从内心深处真正认同"素质提升是实现对美好生活向往的必要手段"的理念，从而从思想上帮助和引导职工不断提高自身素质，在工作岗位上成长成才。

三、紧贴实际，精准施治

以往的职工培训都是浮在面上、写在纸上，摆花架子、做表面文章、应付上级检查。这些弊端也是历来为职工群众所反感的诟病。兴元公司坚持把职工接受不接受、认可不认可、愿意不愿意参与作为评价全员素质提升工作效果的根本标尺，围绕深入基层、服务职工做文章，分类、分级、分层、分项制定本部门职工素质提升工作方案并严格付诸实施。

一是健全完善基础设施。兴元公司围绕推动全员素质提升工程的落地落实动脑筋、想办法，先后投入5.5万元，改造建成2个职工学习室，并配套安装了2部投影设备和2台笔记本电脑等教学设备，切实解决了长期以来无固定职工学习活动阵地的被动局面。在此基础上，通过搭建"技能人才创新工作室"，强化岗位练兵、技术创新，深化培训师资建设、学习平台建设，落实逢查必考等一系列行之有效的手段、措施，从不同角度、不同侧面对素质提升工作起到了积极的促进作用。

二是分级分类精准培训。严格按照"一人一策、一班一策"要求，2022年上半年组织开展各类培训38次，累计参加人数1832人次，考核合格率达到100%；参加国家统一成人高考3人，全部被录取；开展岗位技能竞赛活动1次，对取得竞赛名次的6名技能人才按照程序要求晋升技能等级；选派7名文化知识水平较高的青年职工，参加特种作业资格获证培训，为企业技能队伍注入新鲜活力。通过全员素质提升方案的设计和各项工作过程的严格落实，基层职工的工作积极性和主动性得到了有效的调动和激发，进而使职工群众切实感受到提升自身综合素质有地位、有待遇、有荣誉，对参与素质提升工作有热情、有动力，先后有3名班组长通过素质提升活动被企业择优选拔晋升到炉长岗位。

三是开展岗位技能竞赛。深化岗位练兵、技术比武活动，在活动中注意"学、赛、练"三者相结合，避免轻学重赛、重赛轻练的现象，突出"学与练"，逐渐形成"学技术、练技术、比技术"三位一体的格局。对活动中涌现出的3名技术能手，打破学历限制，破格提拔使用到车间副主任岗位。

四是开展全员上台讲课。在持续推进"人人都是班组长"班组全员自主管理工作的基础上，不断创新举措，利用班组学习会，开展"人人都是培训师"活动。重点围绕岗位安全生产责任制、安全操作规程、安全风险辨识、隐患排查治理、安全站位、作业流程标准、教育培训等内容，通过采取互动式、教授式、解说式、观摩式等多种形式，在班组成员内部轮流进行相互交流学习，讲想法、谈做法，将班组职工的角色从"听课人"转变为"授课人"，最终帮助班组成员提高整体技能素质。

五是开展现场抽查考问。实行领导巡查或职能部室人员现场检查提问抽考制度，至少抽考提问1~2名岗位职工有关本岗位应知应会、安全生产及"四位一体"工作标准相关内容。与此同时，各业务部室针对各作业现场、关键工序、岗位操作等环节，强化以"面对面、口对口、手把手"的观察、问询、指正、纠偏、辅导等形式为主的旁站式辅导，对未按照正规作业流程作业的环节进行有效纠正，并现场填写《兴元公司旁站辅导检查表》，以此达到以查促学、以考促学的目的。

六是开展反思讨论。定期对照上级部门关于对安全生产工作的安排部署和工作要求，围绕思想认识、履职担当、超前管理、源头管理、系统管理、细节管理以及安全责任落实、制度建设、现场管理、岗位操作、人员培训等方面，从部室到车间，从班子成员到岗位职工，全方位、深层次、自上而下开展安全大反思、大讨论，深刻反思存在的差距和不足，制定有针对性的对策和措施，切实解决安全发展理念树立不牢固、事故教训吸取不深刻、隐患排查治理不彻底、安全培训教育不扎实等问题，真正从思想和灵魂深处认识安全工作的极端重要性，以实际行动践行遵章守纪、按章操作、爱岗敬业的行为规范。各级人员结合本岗位工作实际，每人每年撰写两篇个人反思材料。

七是优化拓展培训。根据不同部门、不同岗位，确定不同的培训内容，全面实施精准培训，切实推动"漫灌"式的培训教育向"滴灌"式培训转变，坚持"缺什么、补什么，管什么、懂什么"的要求，落实全员意愿培训。坚持做到办班培训和分散培训相结合、脱产培训和业余学习相结合、理论和实践相结合、内培和外培相结合、电化教育和网络教育相结合等等，着眼于长远利益，以职工需要、企业需要、安全生产需要、经营管理需要为方向，不断扩大培训内涵，形成全方位、多渠道、多层次的全员培训格局。

四、监督考核，保障质量

全员素质提升工作更重要的是要落实监督考核机制，做到事前有计划、事中有检查、事后有评价、最终有总结，不仅让举措"落地开花"，还要让经验"生根延展"。

一是优化收入分配。兴元公司结合自身实际情况，不断修订完善《职工薪酬分配管理办法》《经营业绩（工作目标）契约化考核管理办法》，制定以技术水平和技能等级为主要价值取向的收入分配倾斜制度，进一步打破论资排辈和"大锅饭"现象，真正使职工凭技术靠本事吃饭，刺激和调动职工学技术、提学历、增素质的积极性。

二是强化激励约束。严格按照《兴元公司专业技能人员评聘管理办法》要求，定期对专业技能人员进行考核，对达不到考核标准的职工下浮一岗工资。同时，按照《兴元公司特种作业人员技能培训考核管理办法》要求，每季度对特种作业人员进行一次理论知识培训考试，每半年进行一次实际操作技能考试，考试不合格者直接调离岗位，进行培训学习，培训期间工资待遇执行培训工资，直至考试合格后方可重新上岗。通过严格的激励约束，使受罚者正确认识自己技术业务水平的不足，校正自己的行为，创造新的业绩。使职工正确认识学文化、学科学、学业务、练技术的重要性，从而把提高自身素质变为自觉行动。

三是注重成果运用。严格按照《集团公司编制与组织人事管理办法》规定，坚持"公开、公平、竞争、择优"的原则，运用竞争上岗、公开选聘等有效措施，优化管理职位体系，健全灵活开放的选聘机制、科学精准的考评机制和能上能下的管理机制，把真正愿学习、会学习、懂管理、懂技术的职工选拔到管理岗位上来，给职工提高展示自身的机会，形成职工想学、愿学、会学、多学的良性循环，进而形成素质优良、梯次合理、良性更替、充满活力的干部队伍。同时，在政策允许的范围内，加大面向社会招聘的力度，将一批有抱负、有理想、懂技术、会技能的青年人才及时吸收到公司职工队伍当中，为企业注入新鲜血液，切实扭转了人员培训力量不足的被动局面。

五、总结提炼，巩固成果

通过开展职工全员素质提升行动，兴元公司切身感受到企业党的建设、生产经营、职工队伍等各方面都发生了深刻变化。

一是党建工作由"被动开展"转变为"主动嵌入"。党委切实担负起在全员素质提升中"把方向、管大局、促落实"的领导职责，并认真落实党委书记的第一职责、班子成员的"一岗双责"，让职工有了"主心骨"；党支部主动作为，以党支部"创建达标"工作为平台，积极开展"党员先锋岗""党员身边无事故""今天我（党员）值岗"等引领活动，主动将党建工作融入全员素质提升工作中，让党员在全员素质提升中发挥先锋引领和辐射带动作用。

二是职工行为由"被动接受"转变为"主动作为"。通过各种举措的落实，职工思想和行为呈现出"四多四少"的可喜变化，即主动学习的人多了，"看热闹"的人少了；主动报考学历的人多了，打"退堂鼓"的人少了；参与岗位竞聘的人多了，"拉关系"上位的人少了；喜欢技术钻研业务的人多了，"吃老本"的人少了。近三年，职工累计接受各类带薪学习培训1200多人次，报考研究生、本科、大专学历8人，竞聘上岗公司中层、业务主管、车间队级7人，获得集团公司技术成果表彰3项。

三是安全生产由"被动观望"转变为"主动管控"。通过全员素质提升行动，让广大职工更深层次地理解了安全生产群防群治的重要性，主动参与安全管理、主动履职尽责意识和能力得到不断增强提升，"三违"现象不断减少，隐患排查治理累计400多条，关键设备完好率超过98%，矿热炉热停时间（次数）逐年降低，安全生产形势持续稳定向好。

四是工作作风由"被动迎合"转变为"主动对接"。随着各项改革措施的不断推进，干部职工学法律、学制度、学专业、学技能的良好风气逐步形成，工作作风有了明显转变；从本部门入手、从程序入手、从细节入手，明晰职责，认真尽责，主动对接各项工作要求成为了各级管理人员的共同认识和自觉行动。

五是企业效益由"被动经营"转变为"主动扭转"。随着全员素质提升工作的日益深化，职工对自身命运与企业"密不可分"的感受越来越强烈，每个人都在主动学习、提升自我，为企业的发展积极出力，鼓劲加油。通过集团公司的大力支持和全体职工的共同努力，2021年，兴元公司历史性实现盈利1091万元，提前一年实现了三年"扭亏为盈"目标；中断了七年之久的25500KVA硅铁矿热炉技改一期项目也完成了复工建设投产并实现了预期效益，职工收入以每年4.2%的速度递增，企业呈现出快速成长进步、发展壮大的崭新局面。

以"三抓"破"三难" 建设学习型企业

甘肃金能科源工贸有限责任公司

近年来，金能科源工贸有限责任公司（以下简称金能科源公司）按照"打造立体丰满活力向上的现代企业"的标准要求，突出以学立身、以学增智、以学强能，强化举措，补齐短板，着力破解"没空学""不想学"和"学干两张皮"的难题，努力创建学习型企业，为企业高质量发展夯实了基础。

一、抓点滴积累，破解"没空学"的难题

（一）零打碎敲挤时间。积极发挥"海绵"精神，不断"挤""钻"时间，重点解决好没空学、"工学矛盾"等突出问题。一是持之以恒落实"第一议题"制度。坚持用党的创新理论武装头脑，始终把学习领会习近平新时代中国特色社会主义思想作为公司各级各类会议"第一议题"，通过集中学、自主学和研讨学等形式，深入学习贯彻习近平总书记重要论述和讲话精神，让思想再"充电"，精神再"补钙"。2021年以来，组织开展党委理论学习中心组集体学习研讨27场次，领导班子成员讲党课6场次。二是坚持不懈推行"晨会"制度。安排各部室在会议前利用"半小时"开展集中学习，每周三下午固定安排1小时集中开展研讨交流、心得分享、观看教育片等活动，引导职工在常学常思常悟中担当作为、干事创业。2021年以来，组织开展研讨交流20次，心得分享120次，观看教育片60余次。三是不遗余力落实"班前会"制度。大力推行"人人都是班组长"全员自主管理模式，完善、落实"班前会"制度，在各生产单位班前会前安排"半小时"，开展政策法规、安全生产和经营管理等方面知识的学习培训，不断提升干部职工政策水平和专业能力。

（二）因势就简造空间。不断完善软硬件设施，为广大职工提供"滋养心田、陶冶情操"的精神家园。一是丰富载体促学习。结合主题党日、"三会一课"、职工授书等活动，认真筛选订购企业管理、市场营销、职业规划等方面的书籍300多册，配发给领导干部、管理人员及技术人员，引导干部职工学理论、学管理、学业务，补齐在战略决策、企业管理和技术转化方面的短板，不断提高科学决策、科学管理、科技转化的能力。二是拓宽渠道强素质。通过订阅报纸、周刊、杂志等，为干部职工提供学习新知识、掌握新技能、增长新本领的途径和渠道，激发全员读书学习热情。通过督促学习强国、推荐微信读书公众号、发放学习卡等方式，着力解决好工学矛盾等突出问题，让职工学习更加便捷、更加灵活。三是创造条件提能力。积极争取红古区新华书店支持，在办公区域转角空间设置"阅读驿站"，定期更新上架图书，满足职工多元化和个性化阅览需求。创新设立职工学习室、青创协会办公室，广泛收录涉及党的建设、生产经营、安全管理、市场营销等方面书籍1000余册，极大地方便了干部职工随时阅读。

（三）搭建学习新平台。不断探索"互联网+"的培训模式，打造"网上课堂"，丰富学习型企业建设形式。一是线上线下齐发力。鼓励引导干部职工通过"三微一端"、"学习强国"APP、"中安云教育"等线上载体，自学时政新闻、理论知识、党纪法规、专业技能等内容，不断充实和完善自我。每月举办读书分享会、宣讲会等，让职工相互分享学习心得体会，推动形成线上线下同频共振的学习新模式。二是共创共享齐参与。充分运用微信小视频、抖音、快手等网络新媒体平台，鼓励职工结合岗位职责制作上传"你听我讲"小课堂、"你看我做"小视频等动画演示课程，对重要岗位、关键环节录制安全操作、规范工作流程、业务操作小技巧等小视频课程，不断激发职工创新能力和学习兴趣，让职工在轻松愉悦的环境中熟悉岗位技能，在潜移默化中规范操作流程。三是以点带面强教育。借助"雨课堂""中安云教育"等网络平台，在每周生产例会上挤出"半小时"学习全国各地及集团公司事故警示案例，引导干部职工牢固树立"把历史的事故当成今天的事故看待，把别人的事故当成自己的事故看待，把小事故当成重大事故来看待，把隐患当成事故看待"的理念，牢记事故教训，珍爱生命！

二、抓形式创新，破解"不想学"的难题

（一）氛围思学。一是企业文化引领学。坚持用积极健康向上的企业文化渲染浸润干部职工，始终秉持"快速、有序、学习、开放、共赢"的经营理念，大力宣扬"金能是平台，人人来创业"的发展理念，广泛推行杨根思"三个不相信"精神（不相信有完不成的任务，不相信有克服不了的困难，不相信有战胜不了的敌人），让广大干部职工崇尚、认同企业文化理念，为推动公司高质量发展贡献力量。二是关键少数带动学。公司班子成员坚持带头备课、讲课，带头参加研讨、分享学习体会，以上率下带动广大职工政治素养和创新创效管理能力的培养与提高，让学习成为自上而下的常态。三是完善制度督促学。建立健全日常学习管理、教学管理、教育培训奖惩、岗位技能动态管理、"一体化"考核措施等制度措施，落实职业教育培训工作"五纳入"管理（纳入金能科源公司安全管理体系建设要素考核，纳入党建工作目标管理考核、纳入基层单位总支和支部书记述职评议考核、纳入公司领导班子和成员年度履职及聘期综合考核），落实月末检查制度，定期通报职工培训教育工作进展情况，有效推动了各基层单位学习责任落实。

（二）实境助学。一是模范带动促进步。以红色教育、典型宣传为载体，通过组织红色观影、先进授课、实地参观、主题团建等丰富多样的活动，创设沉浸式学习场景，让广大职工在学习中感悟红色革命精神、赓续红色血脉、汲取榜样力量、锤炼坚强意志，不断坚定爱党爱国信念、增强发展自信，积极主动作为。二是言传身教共成长。充分发挥业务技术骨干"传、帮、带"作用，在公司内部大力推行导师带徒、党员结对互助互进等带培模式，通过班子成员带徒、技术骨干带徒等多种形式，构建上下一体、融合发展的培训链条体系。近年来，开展导师带徒33对；技能人才与2019年相比增长达52%，大专及以上学历与2019年相比增长达67%，具有中级及以上专业技术职称72人。三是量身定做引导学。坚持需求导向和因人施教、学用结合的原则，广泛开展培训需求调研，及时建立培训需求库，根据不同的培训教育对象确定培训内容，对中层管理人员注重决策能力的培养；对业务主管和一般管理人员注重管理素质的培养；对一线作业人员注重操作技能的提高，切实增强培训教育的针对性和实效性。公司"三项岗位人员"、特种设备、一般设备操作人员"四率"（送训率、参培率、合格率、持证率）达100%，班组长安全技能培训合格率100%，区队长及以上管理人员累计培训时长达60学时，专业技术人员达48学时。

（三）以赛促学。一是比学赶超促提升。坚持每年开展职业健康系列竞赛活动，加强安全生产的法律法规、政策宣传和知识普及，引导员工增强安全生产意识，自觉遵守安全生产制度，提高员工安全生产意识和职业病防治能力。二是奋勇争先展作为。利用知识竞赛、体育比赛等方式，激发职工凝聚力和向心力，锻炼干部职工勇于担当、攻坚克难的能力。三是争先创优提精神。深入开展岗位练兵、知识竞赛、技术比武等活动，每月评选出"学习之星""业务之星"等典型，带动职工学习。累计评选"学习之星""业务之星"100余人次。

二、抓学用转化，破解"学干两张皮"的难题

（一）重业务融合。一是强筋壮骨练内功。坚持以党史学习教育为契机，将学习党的创新理论成果与机关办文办会、文稿起草、机要保密等各项业务有机融合、一体推进，努力促进理论学习与业务工作相融共促、同频共振，从而使机关日常工作更加程序化、规范化、科学化，提高了办事效率和工作水平，真正达到了依法依规依流程办事的要求。二是开拓视野强素质。针对企业管理人员思维方式固化、能力水平不高等问题，坚持"走出去"战略，积极学习先进企业在转型升级、引领发展方面的经验做法，学习引进战略管理、资本运营、风险管控、企业文化等核心内容，开阔视野、开拓思路、提升能力，不断推动企业向高质量发展迈进。2021年9月组织公司领导和党群工作部、生产经营部等相关部室业务骨干10名，前往花庄伊利公司观摩学习党建、经营管理考核、规范化操作等方面做法经验成效，以优秀企业管理经验带动公司管理经营上台阶、上水平。三是充电蓄能提能力。坚持把"请进来"作为激活职工获取知识、提升能力的源头活水，强化校企联动，创新培养思路，引进先进理念，着力在提高思想力、管理力、执行力和创新力上下功夫，努力培养一支懂业务、会管理、善决策、有现代经济头脑和市场开拓能力的现代化职工队伍，不断适应现代企业发展的新形势新任务新要求，促使企业油页岩半焦、新能源开发项目等重点领域、重要行业实现技术突破，成果转化。2021年，公司共邀请法律、新能源、安全消防、职业礼仪等方面讲师15人次，开展业务培训25次。

（二）重实践结合。一是实践锻炼强本领。不断改善公司经营管理人才的成长环境，加大新进大学生员工的培养力度，针对文化层次高、理论知识好等特征，按照"实习+培养"相结合的方式，将引进的12名大学生职工安排在公司党务、财务、经营、建筑工程等重要岗位，择优选取8名"90后"大学生员工安排到供销与合作开发、新能源开发等业务负责人岗位，让他们在扛任务、担责任、管业务、管人员中迅速锻炼成长，更好融入企业发展之中。实行动态岗位，选派基层业务员到公司机关党群工作部、综合办公室、生产经营部、供销与合作开发部等重点部门重点岗位轮训，定期进行考核评定，通过在"干中学、学中干"的岗位培训方式，培养业务骨干50余人，解决了公司业务骨干年龄结构老化、青黄不接等问题。二是保驾护航助成才。按照新时代国企发展的责任使命和任务要求，着力加大懂生产、善经营、会管理等复合型人才培养力度，有针对性地加强后备人才储备，每周按排3~4名新入职职工列席生产例会、管理层会议等，让他们尽快熟悉企业发展思路、管理流程和面临形势，及时答疑解惑，帮助解决工作、生活中遇到的困难和问题，引导和帮助他们扎根企业、早日成才。三是创新管理提质效。结合公司发展实际，积极搭建职工创新平台，大力推行公司领导创思路、机关部室创管理、基层单位创模式的"三创"工作机制，以科技赋能未来、以创新驱动发展，鼓励广大职工参与企业创新创效，树立"时时可创新、处处可创新、人人可创新"的理念，营造了全员创新创效的浓厚氛围。近年来共组织22名青年职工，分阶段、自拟课题组建兴趣小组，不定期组织集体活动，在互促共学中不断增强团队凝聚力战斗力。

（三）重学用结合。一是以学促行求实效。疫情期间，金能科源公司委派5人前往职业教育中心学习科学防疫知识，并组织内部防疫培训8次，通过宣传疫情防控政策、讲授疫情防控知识力度、开展违反疫情防控工作纪律典型案例警示教育等，教育引导职工群众始终牢记疫情防控期间的责任和使命，做到知敬畏、存戒惧、守底线，做到不外出、不聚集，实现了疫情防控"零"感染目标。二是以学促管保安全。学习安全标准化体系建设及工贸行业三级管理体系，引进"5S""手指口述"等先进管理经验，推行安全隐患排查奖罚机制。实行安全隐患整治签字确认制度，督促从业人员自觉遵守安全操作规范，确保公司安全生产实现"零事故""零受伤"。三是以学促用谋发展。加大学习成果转化，坚决摒弃"等、靠、要"思想，采取绩效挂钩方式，层层传导压力，倒逼干部职工不断增强危机感、责任感与紧迫感，主动出击、开拓市场，与各地区公司开展项目合作，签署战略合作框架协议，提高外部市场占有率。同时，聚焦"产学研用"深度融合，加大油页岩半焦高值利用等新产业、新业态项目开发力度，努力在打造特色服务、特色产品上做文章，不断推动企业高质量发展。

今后，金能科源公司将始终坚持学习强企，打造"书香企业"，推动企业与职工同成长、共发展，着力建设一支爱阅读、勤学习、善钻研、讲奉献的员工队伍，为公司的持续健康发展提供源源不断的智力支持和精神动力。一是摒弃照本宣科般的"填鸭式"培训，一切从员工需求出发，本着"量体裁衣"的原则，将职工职业发展与岗位需求结合起来，提升职工学习意愿和参与热情。二是树立学习榜样，鼓励职工充分利用业余时间，积极参与职称、职业技能培训及学历教育，充实理论知识，强化实操考试，营造积极向上的学习环境。三是秉承"终身学习"的理念，通过学习活动常态化、活动形式生动化、效果评估实效化、交流宣传广泛化，多措并举积极推进学习型企业建设，让学习成为职工成长的"催化剂"、企业发展的"助推器"，推动形成职工和企业良性互动、共同成长的生动局面。

提升素质筑根基　练精本领护平安

窑街煤电集团有限公司矿山救护中心

救护中心现有在岗职工135人，其中初中及以下学历占职工总数的6%，高中占23%，中专占17%，大专占34%，本科占6%，在读大专占8%，在读本科占6%。职工整体学历水平偏低，特别是很多职工目前取得的学历不是第一学历，在实际工作中体现出来的文化水平低于取得的学历水平。面对新形势新任务，文化素质与专业技能同步提升成为救护中心亟待解决的首要问题。近年来，救护中心着眼打造一支能够担负起为集团公司安全发展"保驾护航"重任的高素质应急救援队伍，先后组织开展"创建学习型团队、争做知识型员工""素质登高"等学习培训活动，使全员学习、持续学习、终生学习逐步成为了员工的思想共识和自觉行动。

一、完善机制，素质提升有保障

救护中心在认真落实集团公司素质提升工作要求的基础上，促进工作再延伸、再细化、再提升，按照"统一领导、分级实施、分类施教"的原则，成立职工全员素质提升工作领导小组，研究制定了《矿山救护中心素质提升工作安排》《矿山救护中心职工安全培训管理办法》，积极推行"创新+激励""互联网+培训""理论+现场""双师带徒""警示教育""五模式"培训机制，健全"127"组织体系，"1"就是成立一个素质提升工作领导小组；"2"就是下设素质提升办公室和推进学习型办公室；"7"就是将96项具体培训任务明确落实到3个牵头部门4个基层区队，做到既各负其责，又相互协调，促进工作的有序开展。落实"4321"工作制度，"4"就是周写实、周汇报、周检查、周通报等四项周落实制度，要求各部门每周对指战员素质提升工作进展情况进行写实，每周向素质提升办公室汇报工作进展情况，对照培训方案和进度表，主管部门每周组织一次检查，每周五将检查结果在办公会上进行通报；"3"就是月例会、月纪要、月推广等3项月度通报推广机制。中心每月25日前召开员工素质提升专题会议，总结安排、协调沟通各项工作；每月下发一期会议纪要，对当月工作开展情况、存在问题等进行通报，对下月工作安排部署；对典型经验、创新做法等进行推广；"2"就是季汇谈、季考核两项季度考核提升机制。每季开展一次深度汇谈活动，对工作中出现的热点、难点问题进行探讨；每季进行一次全面考核，并与工资挂钩，对工作落实不好的部门和个人扣减效益浮动工资；"1"就是将员工素质提升纳入标准化达标检查范围，形成了一体化检查机制。"127"组织体系的建立和"4321"工作制度的落实，为指战员素质提升工程的全面实施奠定了坚实基础。

二、党建引领，思想作风大提升

救护中心现有党员54名，其中在岗党员50名，党员占比达到总人数的约40%，党委下设直属中队、天祝中队、消防和机关4个党支部。救护中心党委充分发挥党员比例高的政治优势，坚持增强"四个意识"、坚定"四个自信"、做到"两个维护"，把学习贯彻习近平新时代中国特色社会主义思想和党的十九大及十九届历次全会精神作为首要政治任务，把学习贯彻习近平总书记重要讲话精神和党中央重大决策部署作为"第一议题"，结合党史学习教育，重点加强党员理想信念和宗旨教育，强化党员组织观念，严肃党内组织生活，不断增强党组织的凝聚力、战斗力，发挥党员先锋作用和引领作用，发挥党支部的战斗堡垒作用，为建设一流队伍、促进队伍高质量发展提供了坚强政治保证。仅2021年，4个党支部共开展"三会一课"106次、主题党日活动52次，组织党委（支部）书记上党课13次，召开党史学习教育专题组织生活会4次，党员撰写心得体会322篇。结合党史学习教育，救护中心党委定期组织党建业务骨干参加集团公司党校培训班，着力提升学习能力、思考能力和执行能力，做到用党的理论、政策法规和专业知识武装头脑、指导实践、推动工作；做到组织有力、执行有力、落实有力，以高效的行事风格推动各项工作高质量完成。

作为准军事化队伍，必须要使全体指战员始终保持干事创业的激情、超越自我的锐气、永不懈怠的作风、敢为人先的胆识和追求卓越的劲头。着力提升思想品质素质和职业道德素质成为促进救护中心担负使命的关键所在。"召之即来，来之能战，战则必胜"是对矿山救援队伍的基本要求。对救护中心而言，每一次出动都关乎职工的生命安全。救护中心在员工中提出"论英雄，论好汉，岗位奉献比比看"的口号。围绕理想信念、忠诚担当，开展职业道德教育活动，让广大员工懂得救援工作无小事，关键时刻看担当，危难之处显神威，唤醒员工使命感和责任感。在队伍建设中形成"三多三少"的良好氛围。即：指战员学技术的多了，不思进取的少了；现场务实的多了，不干实事的少了；受表彰奖励的多了，受处罚的少了。通过长期训练和救援中的磨练，指战员的成就感和使命感逐步增强，形成了人人争当岗位能手、个个建功奉献的生动实践氛围。

三、立足实战，救援工作展实力

救护中心始终坚持立足当前、着眼长远、科学谋划、统筹部署，努力打造一支知识型、技能型、创新型和业务精湛、结构合理、一专多能的精兵型救援队伍。从精准培训、学历提升、网络课堂、岗位练兵、双师带徒、警示教育、拓展平台等培训方面入手，多维度、全方位推进职工素质提升工作，形成了"练兵式"培训模式。

以干促学，锤练队伍基本功。矿山救援工作的特殊性对员工的身体素质和年龄结构都有特殊要求。为此，救护中心把"创建学习型团队"活动作为常态化工作来抓，积极营造全员学习的浓厚氛围，让指战员把工作过程看作学习过程，学习工作化，工作学习化，在工作现场形成能者为师、人人都是学生、人人都可为师的良好风尚。通过打造学习型团队，全体指战员都达到"四熟"要求，即岗位职责熟、训练标准熟、操作规程熟、作业流程熟。在每次救援行动中，无论哪个队，都能立即投入救援战斗，圆满完成救援任务。

自主培训，考核激励促提升。矿山救护中心牢固树立"培训不到位就是最大隐患"的理念，坚持"素质提升靠培训"原则。认真落实中心、部室、中队、小队四级培训体制，按照各队室职责，深入推进全员自主培训模式。以"三大规程"、法律法规和行业标准为依据，制定切实可行的目标责任、岗位培训、教学管理、课程安排、知识更新、实际操作、业务理论、体能训练、技能考核与发证管理等一系列规章制度，保障培训工作有序开展。扎实开展以提高职工综合素质和业务水平等为主要内容的培训，积极推行各级管理人员"人人上讲堂、培训到现场"活动，救护中心领导带头上台授课，并倡导管理人员以及单项技能特长人员积极上台授课，以讲促学，提升各级管理人员个人综合素质。每年开展管理人员大讲堂活动均在12期以上，管理人员现场授课24期以上，每月安排指战员轮流为各生产矿井现场进行医疗急救知识讲解，到地面生产单位讲解消防知识。通过现场培训，普及了职工的自救互救技能，提高了职工在突发事件中意外伤害的应变能力，增强了安全意识，促进了矿井安全发展，并受到了各生产矿及地面生产单位的一致好评。积极引导职工进行学历教育提升。近三年，救护指战员累计接受各类培训12489课时，参加7782人次，人均累计培训达到135.8课时。报考研究生1人，提升本科、大专学历12人。竞聘上岗业务主管、副主管、队级4人，并获得2021年集团公司素质提升工作"先进单位"称号。

线上培训，打出学考"组合拳"。推广应用直播课堂、"雨课堂""链工宝""中安云教育"等网络平台，把救援仪器操作、一般技术性操作、军事化队列训练等日常训练科目录制成教学视频，上传至网络平台，为各中队学习提供基础资料。充分利用"雨课堂"上传"每日一题""每周一课"学习内容，将各类安全救护常识、救护技能、仪器操作要领、岗位职责等制作成多选或问答题，让枯燥的理论教学"活"起来、"动"起来，增强培训吸引力。对应急救援车辆司机根据专业特点利用"驾考宝典"开展线上学习，使驾驶员的交通安全意识全面提升。利用网络平台开展"每日一学、每月一考、每季一评"，充分利用"零星时间、碎片化学习"方式进行培训，如利用微信小程序，技术人员在后台上传好学习内容后，到特定的时间（如上下班乘车时间）员工手机就会收到学习信息，利用简短的时间就能学完相关知识，不影响工作也不占用职工生活时间，自觉在规定的时间内完成相应的学习任务，让员工在潜移默化中进步。通过一系列的培训"组合拳"，不仅扩大了优质培训资源受益面，节约培训成本，而且有效地缓解了工学矛盾。2021年在集团公司组织的"链工宝"全员培训积分活动中以总分95分的成绩名列第一名；在集团公司"中安云教育"从业人员素质提升活动中率先完成全员学习和取得培训合格证书。

"三比三看"，比拼切磋赛技能。按照"缺理论进课堂，缺实践进现场"的培训观，借鉴部队"军事化管理"经验，从内务、队容风纪和礼节均实行标准化。用"军事化管理"成果不断规范队伍"岗位练兵"活动，按照年度练兵计划定期举办"矿山救援技术竞赛"活动，让各救护中队面对面进行竞赛，展示日常训练成效，相互切磋交流。通过这种形式的岗位练兵来检验培训效果，达到相互学习交流、相互切磋技艺的目的，不断提升队伍的正规化、专业化、职能化水平。

在具体实践中实行技术主管、技术员和工人技师现场指导，使理论和实践紧密结合。以中队为单位开展"比技术看谁夺魁，比实操看谁操作好，比质量看谁标准高"的"三比三看"活动。通过一系列劳动竞赛活动，选拔出技术尖子参加全省救护行业职业技能比武，进一步激发了员工学技术、练本领、提技能的热情。2019年以来，救护中心涌现出甘肃省技术标兵和集团公司技术标兵18名，1名指挥员荣获"甘肃省第二届矿山救援技术竞赛"指挥员战术运用项目第二名；1名业务骨干荣获集团公司建党100周年"听党话、跟党走、报党恩"主题演讲比赛二等奖。

外派培训，拓展视野强管理。近三年，救护中心积极选派12名大（中）

队指挥员参加由国家应急管理部矿山救援指挥中心举办的矿山救护大（中）队指挥员培训班和复训班，通过国家级专业化机构高层次的培训，使广大干部提高了理论水平，更新了工作理念，强化了专业技能，练就了科学高效、专业精准的本领；积极组织54名救护小队长参加兰州资源环境职业技术大学班组长培训、复训，有力提高小队长管理水平和工作能力，较好地发挥了小队长在队伍建设中的"兵头将尾"作用。2021年，兰州资源环境职业技术大学邀请矿山救护中心医疗急救专业技术人员现场授课，1名指挥员聘为医疗急救项目组裁判，3名班组长为集团公司班组长授课，实用型讲座受到了学院师生的一致好评。通过培训，着力提升各级管理人员的思想力、管理力、执行力和创新力，让其真正成为一个懂技术、会管理的综合性管理者。

"双师带徒"，师徒技术同提高。矿山救护中心将"双师带徒"活动作为人才梯队建设的重要措施，目的性强，针对性强，操作性强，对提升新员工的业务素养起到至关重要的作用。在"双师带徒"过程中，师徒共同努力，全身心投入，使出浑身解数。师徒之间也可以进行交流与切磋。"师徒"之间比拼，让"师傅"把自己经验全部传授给"徒弟"，不遗余力；使"徒弟"在"师傅"的指导下能成长更快。2019年以来新招入的三名员工，通过"双师带徒"活动，在自身努力和师傅们悉心教导，在2020年甘肃省第二届矿山救援技术竞赛活动中荣获了模拟救灾团体第二名、单兵救援个人第三名的好成绩，均已走向了班组管理岗位。师徒纽带不仅提升了徒弟的业务技能，师傅也在传授中获得新的感悟，师徒共同进步，达到共同提高的目的。

警示教育，安全防线更牢固。安全教育是矿山救护队培训的重要内容，编制教学内容要坚持围绕安全救援、科学救援这一主题，通过对《煤矿安全规程》《矿山救护规程》《矿山救护队标准化考核规范》的学习，提升全体员工的安全意识。定期开展事故警示教育培训，并收集近年来全国矿山事故应急救援案例，特别是发生救援人员伤亡事故的案例，把救护队安全、快捷、高效的救援理念贯穿于培训全过程，不断提高救护指战员的安全意识，并运用于应急救援工作全过程。在集团公司推行"人人都是班组长"全员自主管理工作，每天让轮值安全委员在班前会分享整理事故案例，以授课的方式引导大家分析原因，对涉及工作中的违章行为进行提问、讲解、讨论并提出合理化建议，提高了全员安全技能，杜绝"三违"行为，形成了人人讲安全、时时讲安全、事事讲安全、人人会安全的良好氛围。确保在履行的所有应急任务过程中均未出现违规现象。通过开展一系列警示教育培训，进一步增强了指战员的安全防范意识，提升了按章指挥、照章作业的自觉性，促进从业人员由"要我安全"向"我要安全"的转变，收到了良好效果。

聚焦实战，应急演练展形象。始终将岗位练兵作为检验职工教育培训成效、考核队伍素质的重要途径，强化体能训练，提升队伍素质。坚持从应急救援实际和队伍履职特点出发，积极转换作训理念，在救护规程要求的训练科目基础上，按照应急救援新形势、新任务、新目标要求，结合应急救援指战员实际体能状况，为更好地提升和保持人员基本体质，将十公里军事化体能训练模式作为日常训练科目。讲述安全要领，强调步骤细节，既保证训练安全有序开展，又确保了训练效果，整个训练过程充分彰显了救护队员"顽强拼搏，永不服输"的意志品质。坚持实战牵引、问题导向，按照联合指挥、建制用兵、多方参与、真导实演的方式，进一步推动应急准备工作落实，提高指战员应对突发事件的协调联动能力和应急处置能力，促进指战员进一步熟悉、掌握应急救援知识、救援程序、救援方法等业务知识，为应对重大突发事件提升应急处置能力奠定坚实基础。通过深入开展准军事化文化教育培训，全体指战员纪律性、着装规范性有了明显提高，队伍精神面貌焕然一新。2022年4月25日至5月12日，我单位参加了由国务院抗震救灾指挥部办公室、应急管理部、甘肃省政府在张掖市联合举行的代号为"应急使命·2022"高原高寒地区抗震救灾实战化演习。接到演练任务后，迅速组织救护指战员，奔袭几百公里，连续作战，风餐露宿，面对西北戈壁的沙尘暴、强降温极端天气，参演人员个个意志顽强、士气高昂、迎难而上，准时到达集结地点。按照《矿山救护中心地质灾害应急预案》，针对地震、塌方等灾害开展专项桌面推演培训16次，实战模拟训练32次。通过前期理论培训与实战演练，队员们仅用19分钟时间，就将演习项目中撒落的化学物资全部搬运至安全区域，圆满地完成了演习任务。1名基层指挥员被应急管理部政治部记个人三等功。矿山救护中心也受到了甘肃省应急管理厅，张掖市委、市政府表彰。

四、强化考核，长效措施更完善

职工素质提升工作能否取得实质性突破和长远性效应，取决于完善教育培训制度体系，构建教育培训工作长效机制。救护中心从完善机制、落实机制、创新机制、激励机制等多个方面入手，着力提升员工整体素质水平。

清单化培训，提高培训质量。坚持把职工素质提升作为一项重要工作，立足当前，着眼长远，每年有针对性地对《矿山救护中心素质提升工作安排》《矿山救护中心职工安全培训管理办法》等4项管理制度修订完善。结合职工教育培训需求，科学谋划、统筹部署，详细制定阶段性的职工教育培训清单，明确目标任务、培训对象、培训内容和培训方式。各部门、小队、班组，结合业务工作特点，分层制定了本专业职工队伍培训计划，并积极组织实施培训，在全中心形成了上下衔接、全面覆盖的教育培训网络，确保职工教育培训工作取得实效。

积分制考核，推动工作落实。将职工素质提升工作纳入党建工作目标责任制管理考核，对各部门述职评议考核，根据部室、中队落实职工素质提升工作责任履行情况、各中队落实周五安全学习日情况、各部门自主培训、班组自训、员工自学、双师带徒、月度考试等情况以及参加上级部门的各类抽考、培训和考试等情况实行计分制考核，对不严格准入、不培训、假培训、乱培训的、培训工作不积极、敷衍塞责、落实不力，考核得分低于80分的部门和责任领导进行通报批评，对工作滞后、不推不动的，一律进行约谈问责，考核结果与当月工资考核进行挂钩，以经济杠杆推动主体责任落实。

收购式激励，推动员工自学。注重完善创新机制和激励机制，多措并举，满足员工自我成才、岗位成长的需求。制定了《矿山救护中心职工素质提升"六项培训产品"收购办法》，每月定期开展"管理人员上讲台""事故警示教育""品牌课程""隐患货币化收购"活动。近三年累计收购品牌课程128个，风险隐患260条，事故警示教育培训32期，并分别按照课程质量、授课水平、隐患类别分别给予100~500元奖励，使广大指战员的付出成果受到了尊重；每季度举办一次技能比武，对取得优异成绩选手给予500~2000元不等的奖励，让广大指战员的付出得到了回报；每年举办一次创新表彰大会，评选表彰管理创新、技术能手、创新成果推广人员，对取得创新成果个人给予1000~5000元不等的奖励，有2项成果被国家知识产权局认定为实用新型专利，4篇论文发表"窑煤科创"期刊，极大地调动了全员创新的热情，激活了员工成才成长的潜能。

立足新发展阶段，贯彻新发展理念，融入新发展格局，紧盯应急队伍"全灾种、大应急"建设新要求，矿山救护中心将继续坚持以习近平新时代中国特色社会主义思想为指导，始终保持争创一流应急救援队伍的决心，在精准培训上下功夫，在创新创效上求突破，牢固树立以员工为中心的发展理念，努力让员工喜培乐训，实现队伍素质提升和企业发展同向发力、相得益彰，为集团公司高质量发展作出应有贡献。

加快培育科研人员　持续提升创新水平

窑街煤电集团有限公司技术创新中心

近年来，技术创新中心紧跟新一轮科技革命和产业变革步伐，深刻认识和把握"三新一高"要求，认真贯彻落实党中央和省委省政府关于科技创新工作的决策部署，坚持"四个面向"战略方向，持续提升科技创新整体实力和综合竞争力。按照集团公司"十三五""十四五"科技创新发展规划，在培养科技创新人才、完善科技创新体系、加大科技攻关、培育新兴产业、促进科技成果转化等方面做了大量富有成效的工作，为集团公司高质量发展提供了有力的科技支撑和创新动能。

一、加强素养教育，提升科研人员素质

科研人员的科学素养主要体现在四项基本素质上，即扎实的专业基础知识，敏锐的灵感和丰富的想象能力，强大的综合分析能力，无畏而诚实的表达能力。技术创新中心注重在实际工作中学习真知，加强磨炼，增长本领，坚持干中学、学中干，学习与工作实践相结合，工作学习化、学习工作化，把科学素养教育作为素质提升的重要方向。

坚持以项目为依托，培育复合型技术人才。近几年，由于资质的约束和设计市场的萎缩，设计人员工作量不足，视野受限，造成了设计思路不开阔的问题，不能完全适应集团公司高质量发展需要。为了培养思想素质好、服务意识强、专业水平高、管理经验丰富的综合型人才，技术创新中心坚持开展"项目培养人"工作计划，安排设计人员跟项目做监理，让理论与实践更好地融合并进，通过设计、监理双重业务交叉锻炼，既提升了专业技术人员的理论水平，又丰富了实践经验，现已成为技术创新中心培养复合型专业技术人才的新路径。

汲取新时代科技成果，提升专业技术水平。技术创新中心建筑所、采矿所使用的ArchiCAD是最早具有市场影响力的BIM核心建模软件，但随着BIM技术在全国的大力推行，数字智慧企业建设也需要借助BIM技术来实现，但由于其专业配套功能(仅限于建筑)与多学科的设计院体系不匹配，在设计过程中难以实现业务突破，技术中心组织设计、监理人员成立BIM技术小组，通过学习BIM可视化软件设计、施工和装修现场的y视图图纸以及BIM模型、BIM结构分析软件，实现了设计和施工时的冲突检测、检视与审查、注释和标记红线，设计者可自由标注设计沟通意见，空间尺寸的量测，委托者可留下审查意见及追踪，降低了日后设计变更的频率。

增强素质拓宽领域，练精兵强本领见实效。针对职工写作能力欠缺、课件编排简单、发言表达不流畅等现状，首先，定期开展学术交流、专项训练和课程示范演练。通过轮流发言、相互点评、领导指点等方式查找不足，剖析问题，相互启发，共同提高。其次，在检测检验和设计岗位开展技术比武、技术革新、方案比选等活动，促进职工综合素质提升。同时，鼓励职工创新思维，释放潜能，积极参与科技创新项目申报，让创新智慧充分释放、创新能力充分展现、创新活力充分迸发。

二、坚持科技创新，破解企业发展难题

以煤为基促创新，实现煤炭绿色开采。《窑街三矿"三下"急倾斜特厚煤层膏体充填开采技术研究》作为甘肃第一个绿色开采技术开发项目，该项目具有大采高、边充边采、重复开采、无人值守等多个创新点，智能化综采机械化膏体充填开采在国内也属首次。在与中国矿业大学联合开展的膏体充填开采项目中，为了解决知识空白难题，技术创新中心组织管理人员和技术人员前往中国矿业大学参加专题培训，经常性与院校专家教授开展学习交流，通过边学习、边建设、边总结，攻克了一个又一个技术难题，实现了采煤充填平行作业及膏体填充的全程无人化和智能化，为充填采区开采积累了宝贵经验，确保"三下"急倾斜煤层膏体充填开采项目有序推进。

以安为本促创新，开创煤层气抽采"窑街模式"。针对窑街矿区煤层瓦斯含量大，严重制约矿井安全生产的瓶颈，技术创新中心与中煤科工集团西安研究院、煤炭科学技术研究院等科研院企就《海石湾煤矿地面煤层气抽采与利用项目》进行了深度合作，围绕煤层气抽采项目技术中心组织专业技术人员与专家教授广泛交流，总结经验，采用地面钻井压裂抽采+井下长距离定向钻孔+大孔径穿层钻孔抽采技术，建立的井上、下三区联动立体抽采体系，极大程度上提高了矿井瓦斯综合治理能力。同时，积极研究矿井抽排低浓度瓦斯综合利用，在降低矿井废气排放的同时做到变废为宝，建设海矿、三矿地面瓦斯抽放井，开辟低浓度瓦斯利用新途径。逐步总结形成瓦斯治理"窑街模式"，为实现安全高效开采提供强有力的保障。

三、深耕基础研究，提高科技创新能力

变废为宝，推动产品结构向高附加值转变。围绕油页岩半焦高值利用项目，与中科院兰州化物所、西北师范大学、甘肃中医药大学、甘肃省农科院、甘肃省公交建集团等科研院所和企业对油页岩半焦从矿物学角度开展产学研合作，探索油页岩半焦用于矿物生物炭、矿物杂化材料、半焦基碳黑粉、活化半焦粉、农用地膜专用料、橡塑助剂和公路路用矿物胶凝材料等方面的研究，技术创新中心与院企通过学科交叉、协同创新破除研究碎片化问题，突破技术瓶颈，攻克技术难点，最终实现科研成果从样品到产品再到商品的转化。形成了集油页岩炼油、半焦高值利用为一体的油页岩综合开发利用产业。

立足实际，培育壮大新能源产业。充分利用集团公司大量土地资源丰富且拥有工业园区和内部电网等自身优势，以企业需求为导向，抢抓国家和甘肃省关于新能源布局的政策利好和机遇，加快推进新能源项目建设，利用与科研院所和高校合作机会，选派青年骨干赴海南隆基光伏发电站，学习新能源智能化管理、光伏发电监测、相关电力技术等知识，切实做好新能源建设技术人才培养储备工作。在窑街矿区、瑞霖公司民勤农场、酒泉肃北红沙梁

矿区建设三个光伏发电新能源基地，打造光伏"+"项目示范工程，将红沙梁矿区建设成省内首个煤炭行业绿色智能矿区，形成海窑矿区、红沙梁矿区及马鬃山经济开发区"源网荷储"一体化发展模式，全力打造西北片区新能源项目示范基地。

四、加强科技交流，共同应对技术挑战

以机制为导向，释放人才潜能。从科研投入机制、人才成长机制、价值实现机制、效益创造机制、科技创新机制等方面着手，做到机构、人员、经费、激励"四落实"推动科技创新和机制创新协同发展。通过制定《技术成果入股、股权激励实施意见》等办法，围绕科技创新成果转化进行股权激励，进一步激发技术人才科技创新热情。同时，定期召开科技大会，对优秀科技成果、最美科技人、授权专利等进行表彰奖励。建立科技创新容错机制，鼓励科技人员大胆探索、挑战未知，营造开放包容、协同合作、鼓励创新、宽容失败的工作氛围，形成人人想创新、敢创新、会创新的良好局面。

以平台为依托，盘活人力资源。近年来，先后引进6名科研院校博士、专家来技术创新中心挂职指导科技创新工作。打破掣肘企业发展的人才困境，通过开展全员绩效管理，建立科研人才进出通道，使人员合理流动起来，现有资源得到最优配置，持续保持科研队伍战斗力。通过对外交流合作，提升技术创新中心综合技术实力和管理水平，形成一支稳定高效、结构合理、与行业发展相适应的人才队伍；开展各种产学研技术合作，广泛吸收容纳各类人才和多种社会资源，逐步建立起一个以共同价值为纽带，以共同事业为核心，以各自专长为载体，内外结合的多元化人力资源体系。

创新是企业发展的动力源，创新永无止境。技术创新中心坚持"成功不等于成熟，完成不等于完美"的理念，在窑街煤电集团绿色发展的道路上不断探索前进，加粗拉长产业链，提高产品附加值，让新型产业更完美，附加产品更多元，为集团公司高质量发展提供科技支撑。

以全员素质提升助推企业转型绿色发展

甘肃派仕得矿井充填科技有限责任公司

近年来，甘肃派仕得矿井充填科技有限责任公司牢牢把握"三新一高"导向，精准研判煤炭行业发展趋势，精细对标全国同类一流企业，大力实施"1+3"全方位全过程全员素质提升行动，推动企业依托矿井膏体充填开采实现由单一的水泥生产、经营辅业向充填开采、服务主业转型，努力打造集团公司深化改革、创新驱动、转型升级、绿色发展的示范性企业和国内绿色矿山充填开采领域的知名品牌。

——落实全员素质提升实现企业安全持续向好

学安全、会安全、抓安全。深入推行"人人都是班组长"全员自主管理模式，开展事故案例警示教育，再现典型案例真实情境，使广大干部职工思想受触动、行动有对照，将安全意识变为自觉行动，让管理"活"起来、让教育实起来。健全完善安全管理制度，制定隐患排查收购细则，实现隐患货币化管理，通过全员素质提升、自主管理，强化了风险辨识管控和隐患排查治理水平。三年累计排查出安全隐患1200条，及时研判整改，整改率达100%。精心制定和细化落实冬季设备检修和春季电气检修计划，通过检修任务到人、班前安全交底、现场安全监护、质量验收评价全流程管理，安全顺利完成历次检修任务。针对630KW风机变频单元运行故障的设计缺陷，通过技术改造，以稳定可靠的液阻进相柜取代现有变频启动模块，实现了设备运行安全可靠，能耗大幅降低。

学技术、比技能、提学历。制定《员工素质提升收购办法》，探索实践"分级考核+多项收购"模式，激发职工自主学习主动性。按照"缺什么、补什么，管什么、懂什么"的原则，搭建名师带徒、岗位练兵、知识竞赛、技术比武、学历提升等学习实践一体化培训平台，不断提高职工操作水平和安全能力。通过培训效果、技能水平、工作业绩与绩效工资挂钩等激励约束方式，有效解决了部分管理人员视野不宽、专业不精、业务不熟、"等、靠、要、推、脱、混"等问题。各级管理人员通过学历提升全部达到中专以上文化程度，其中研究生学历2人，本科学历12人；高级工程师3人，助理工程师7人，专业技术人员16人，技术骨干2人，专业技术人才队伍结构不断优化，为企业高质量发展夯实了基础。

——落实全员素质提升实现经营质量不断提升

技术攻关提质增效。推行"5+2+30"素质提升工作模式（每周五进行技术交流研讨，每两周进行技术攻关总结，每月30日前召开月度工作会议，总结经验，安排工作），强化创新质量化验室示范引领、集智创新、协同攻关、传承技能、培育精神作用，成立工艺组、设备组、教培组三个攻关小组，引领职工积极思考、积极提升、主动作为。选拔6名理论功底扎实、实践经验丰富、创新能力较强、工作业绩突出的职工参加甘肃省质量专业机构定点培训，取得水泥企业从业人员技术资格证书，优选其中4名担任质量检验室班组长，带领技术人员开展技术创新项目4项。通过在水泥中添加助磨剂，在提高台时产量、改善产品性能、缩短凝结时间的同时，降低了能耗；通过添加硅粉，提高了出厂水泥的28天强度。

技术创新扭转危局。针对水泥质量不稳定、企业盈利能力不足等问题，成立技术创新办公室，派士得公司领导牵头，各部室、车间全员参与，在学习探讨中研究制定水泥生产工艺优化方案。以技术革新、合理化建议等活动为抓手，发动全员积极创新创效，共同研究探索，针对性开展创新创效项目。《油页岩半焦资源用于水泥添加剂的研究》《铁合金回收的微硅粉在水泥磨生产中的使用研究》《使用助磨剂提高产量技术研究》3项技术创新项目，获得2020年集团公司科技创新优秀奖。派仕得公司通过学习提升和技术创新解决生产难题，提高生产效率，提升企业效益，扭转了多年亏损局面，

2020年盈利389.43万元，2021年盈利32.38万元。

项目助推转型发展。2021年，三矿冲击地压综合防治项目——"三下"急倾斜煤层膏体充填开采项目地面充填站开工建设，是派仕得公司转型发展的新起点。派仕得公司抢抓机遇，积极引进学历高、专业性强的职工为项目建设运营做好人才储备，邀请中国矿业大学、山东康格能源科技有限公司的专家教授现场指导和对口培训，突出煤矿充填开采技术、材料掺配技术、外加剂生产技术、膏体充填站管理、充填技术服务等方面专业技术知识的学习培训，新项目管理能力和职工业务素质全面提升，助推企业顺利实现了转型发展。

——落实全员素质提升实现绿色生态健康发展

以学促建打造绿色厂区。认真学习贯彻习近平生态文明思想，牢固树立"绿色发展"理念，组织干部职工学习生态环境保护和环境治理方面的法律法规，对标对表持续开展生态环保专项整治，通过绿化美化厂区环境，原料棚（区）全封闭、加装约800平方米的防尘抑制金属网、熟料卸料口收尘罩全封闭技改等举措，着力打造绿色生态厂区。

以学促改破解噪声难题。2019年，派仕得公司生产车间设备因噪声超标，收到中央督察组的停产整改通知，企业面临生死存亡的困境。在公司党委的部署推动下，粉磨车间成立了以党支部书记张海林为组长的技术攻关小组，充分发挥党支部战斗堡垒和党员先锋模范作用，小组成员闻令而动、迎难而上，加班延点、夜以继日，在48天内完成8项噪声源的排查和13项源头治理技术改造任务，提前完成噪音治理环保工程，顺利通过中央环保督察组现场检查验收，破解了制约公司发展多年的环保难题。

以学促治实现无尘输转。着眼实现水泥装车落袋扬尘完全收集的环保改造目标，技术创新办公室通过学习调研制定技术改造实施方案，对水泥装车收尘系统进行全面技术改造，经检测无组织粉尘排放浓度8.45mg/m^3（低于限制值10 mg/m^3），实现了达标排放。2020年9月职业卫生现场检测数据达标

（包装总尘、呼尘<4 mg/m³），基本做到了无尘处理。

近年来，派仕得公司通过扎实开展"1+3"全员素质提升行动，全体干部职工的凝聚力和战斗力不断增强，企业管理水平、专业技术能力、科技创新能力、解决问题能力不断提升，为加快推动企业从劳动密集型向知识技术密集型转变，实现转型绿色发展奠定了坚实基础。

"五才"战略激活"一池春水"

窑街煤电集团有限公司煤炭运销公司

窑街煤电集团煤炭运销公司承担着集团公司的煤炭销售工作。近年来，煤炭运销公司为有效应对煤炭市场变化，对标全国一流现代能源企业人才队伍建设体系，探索推进并全面实施"五才"（引才、育才、炼才、留才、用才）全员素质提升创新工程，为做好煤炭营销工作提供了人才保证和智力支撑。

一、精准定位"引"才

结合企业发展实际，精细制定紧缺人才引进计划。近3年，引进全日制营销专业本科生5名、统计专业本科生1名、化学专业本科生1名，突破了人才短缺的瓶颈。认真落实"一引三带"互动式提升（即大学生在专业理论上引进，带动业务骨干人员理论上提升，一名大学生由一名主管领导和部长签订《导师带徒协议》，业务骨干用实践带动大学生实践，互促互带提高营销队伍整体素质），以人岗相适、人事相宜为企业发展注入了"源头活水"。

二、拓展思维"育"才

集团公司正处在深入实施"十四五"规划，奋力建设全国一流现代能源企业的关键阶段。煤炭运销公司立足"大客户+品牌"大营销战略，致力全员综合素质提升，精准培训打造人才培养"新高地"，突出政治素质、营销业务、合同管理、商业礼仪、安全工作等方面的培训学习，多维度为干部职工赋能添力。邀请兰州大学博士开展《大客户营销与客户关系管理》培训1期，激发引领干部职工提升营销理念；着眼提升营销队伍整体形象，开展为期2天的全员商务礼仪、商务接待、洽谈技巧等商业礼仪培训，引导干部职工对标改进展形象、立足岗位新作为。

三、多措并举"炼"才

煤炭运销公司借鉴全国一流企业培训模式，系统修订完善《职工培训教育工作实施意见》等制度，坚持目标导向，创新培训方式，精细精实培训，形成了全员比学赶超的良好氛围。

一是专业化炼才。在营销队伍专业化培训上学践并举、双轮驱动。一方面，精研深耕《战略市场营销》《集团公司营销手册》《洗精煤质量标准手册》等专业理论知识，确保专业性和前沿性；邀请外聘律师开展《民法典》《合同法》实务培训，对违约责任、签订地等合同条款反复研讨，有效规避法律及合同风险。另一方面，积极掌握洗精煤、配焦煤市场第一手资料，集体研究确定洗精煤、配焦煤销售价格，争取效益最大化。近五年来，创下海石湾配焦煤1970元/吨、金河煤矿洗精煤2160元/吨历史最高售价记录，打响了海石湾煤矿、金河煤矿煤炭乌海市场调味剂品牌，连续五年保持了"零库存"记录；为400多家用户提供优质煤炭产品近3000万吨，未发生争议纠纷事件。

二是多维度炼才。全方位开展互动式培训交流提升活动，坚持营销专业人员"讲、写、考"大练兵，不断提高各级营销人员综合素质；紧密结合岗位特点，以绩效考核鼓励成熟员工温故知新、提高能力、提升业绩，同步开展岗位互补交流、互换交流，致力于培养复合型人才；全过程开展"导师带徒""名师带徒"，深入市场、贴近用户，多交流拓展市场信息，勤沟通提升业务技能，面对面传授实践经验，通过优秀职工言传身教，全方位提升新职工工作能力。通过持续开展专题学习教育、主题座谈研讨、业务能力提升"大讲堂"、实地观摩创先争优，推动党群部工作人员、基层党支部书记、团干部学技练艺、共同提升。

三是实践性炼才。做好"两个一"实践提升，每位营销人员每月深入市场走访服务用户时间不少于一周，至少撰写一篇市场调研报告，全面掌握用户经营状况、进货渠道、商品价格等重要信息，不定期开展煤质分析、营销技巧、案例分析、风险防控等分享交流培训，切实将深入思考与能力提升相结合，业务理论与营销实践相结合，市场信息与研判决策结合，全面提高干部职工把握和驾驭市场的能力水平。

四、用心用情"留"才

严格落实《集团公司2019—2021年人才工作规划》《大学生员工培养管理办法》等文件，制定《煤炭运销公司大学生员工培养管理办法》，注重规范提升新入职大学生培养管理体系，盘活用好人才资源。一方面，坚持人岗相适、人事相宜，按专业特长及本人特点安排岗位、轮岗锻炼，采取双导师带徒，以求快速提升专业能力、技术水平和职业素养。另一方面，加强对引进人才的关心关爱，在落实保底工资的基础上，第一时间配备电脑电视、增加住宿补贴、丰富文化生活，并采取座谈会、谈心谈话等方式及时了解想法诉求，全方位做好人才服务工作，营造了筑巢引凤、拴心留才的良好氛围。

五、多维协同"用"才

煤炭运销公司注重人岗相适、人事相宜，从政治素质、管理能力、品牌意识入手，在提升中识才，在历练中用才，致力打造"狼性"营销管理团队。

一是树牢政治素质用才，突出"准"。坚持把政治建设摆在首位，教育引导党员干部用党的创新理论武装头脑、指导实践、推动工作。推行"四位一体""三个坚持"学习提升活动，通过党务应知应会学习竞赛、党建知识测试、以干代训等方式，不断提高党员的政治判断力、政治领悟力、政治执行力，把理想信念转化为履职尽责的具体行动，积极投身到推动煤炭运销工作的火热实践中。三年来，5名业务骨干发展成党员，8名党员成长为业务骨干和正副业务主管，1名职工荣获甘肃省技术标兵称号。

二是提升管理能力用才，突出"精"。推行一周一安排、一月一检查、一月一考核、一年一总结"四个一"工作法，年初下发年度重点任务安排，梳理问题清单，明确整改措施，逐条逐项"过筛式"落实。制定《党员领导干部联系点制度》《煤炭市场售后服务管理办法》等管理制度，建立高质量、精细化营销管理模式。公司领导分批带领营销团队走访乌海、青海等市场，破解销售滞缓难题，带动了营销人员管理能力提升，近五年超额完成煤炭销售任务，煤炭销售价格屡创历史新高。

三是提高品牌意识用才，突出"新"。坚持市场导向，稳固拓宽煤炭营销主渠道，积极推进客户结构调整，全面规范价格调整程序，做到了公开公正、阳光透明、程序规范。树立品牌意识，创新煤炭产品销售理念，充分发挥海石湾煤矿、金河煤矿配焦煤煤质指标特低硫、低灰、高热值、中粘结优势，借助甘肃省交易中心网络销售平台，健全完善网络销售模式，开创了西北地区煤炭行业配焦煤竞价销售的先河。优化服务，每月对营销人员服务质量进行调研考核，对与本公司有业务联系的300多家用户逐个建档立卡，以精细化服务推动营销质量提升。

不积跬步，无以至千里。煤炭运销公司将坚持"引才、育才、炼才、留才、用才"策略，注重补短板稳提升、学中干干中学，激活职工队伍素质提升的"一池春水"，进一步做好煤炭营销工作。

"三坚持""三注重"提升物资采购供应质效

窑街煤电集团有限公司供应公司

供应公司党委紧紧围绕物资供应中心工作和目标任务，坚持党管培训，坚持实施"以人为本，人才强企"战略，牢固树立"培训强己，培训强企"理念，认真履行主体责任，督促各基层党支部主动发挥在素质提升工作中的战斗堡垒作用，宣传动员党员干部一手抓业务，一手抓素质提升，带头备课、带头作课件、带头上讲台。通过扎实有效的工作，培养出了一支懂业务、会操作、善管理的物资供应专业人才队伍，为推动物资供应高质量发展提供了有力的人才支撑和保障。

一、坚持问题导向，注重素质提升针对性

针对以往素质提升方面存在的培训内容不全、岗位工种不多、培训范围不广、职工技能不高、技术水平有限、参培人员安排随意性较大、培训教师不专业等问题，供应公司结合供应工作业务特点，坚持"缺什么、补什么，管什么、懂什么"的要求，从多方面提升全员素质，重点从强化培训工作的针对性方面下功夫。

一是提升培训需求针对性。围绕前期培训满意度、培训方法、培训重点内容以及在受培训过程中遇到的问题，根据不同岗位、职责，对个人、班组、部室（站点）需求进行调研，将培训需求分为计划员、采购员、验收员、保管员、党务工作人员、综合管理工作人员以及安全管理、财务管理、经营管理人员九个方面，根据素质提升需求，按照实际管理职责，要求各部室结合业务范围制作课件，每周五常态化开展专业培训和知识讲座，各级各方面管理人员素质得到有效提升。同时，注重党建业务培训，积极组织参加集团公司党建业务培训5期13人次，举办内部党建业务培训5期27人次，以党务工作人员素质提升助推党建工作质量和水平不断提高。

二是优化内部资源针对性。结合企业实际，利用现有培训资源，进一步完善基础设施，在机关及各供应站设立5间培训教室，投入2万余元购置电脑、打印机等培训设备4台，为素质提升工作提供了基础保障。积极筹建职工书屋，投入资金2.5万元，购入专业类、文学类、历史类、社会科学类图书600册，便于职工在工作之余利用空闲时间不断拓展知识面。充分利用ERP系统，发挥现代化多媒体设备的作用来提高培训效果，使得职工学习更加直观、清楚。结合职称、职务以及业务能力、知识水平，按照不同岗位类型聘用内部专兼职教师14名，为开展全员素质提升培训提供了师资保障。通过优化内部培训资源、强化培训基础保障，有效提高职工教育培训质量，提升了职工文化素质与技能水平。

三是精选培训内容针对性。通过全面分析培训需求调研反馈的信息，针对以往培训中存在培训内容质量不高、工学矛盾突出、培训时间安排不合理等问题，通过研究分析，结合工作实际，重新修订了职工培训计划，将培训时间固定在每周三和周五下午，具体培训内容由相关负责部室提交综合办公室进行审定后统一安排，提前发通知，各部室、站点按照培训要求安排相关人员参加培训，按照不同工种类型和业务范围有针对性地开展培训，大大提高了职工教育培训质量和效果。

二、坚持质量至上，注重素质提升专业性

过去，供应公司内部培训大多采用"上面讲，下面听"的传统形式，呆板、枯燥，职工学习兴趣不高，注意力不集中，严重影响了培训的效果。为了提高培训教育质量，主要采取以下措施：

一是拓宽素质提升渠道。为改进素质提升方式、开阔职工眼界，实现素质提升培训工作专业化、知识获取外部化、岗位培训技能化，拓展培训管理模式，坚持运用"走出去、请进来"的培训方式，积极与外部专业培训机构合作，先后安排117名职工分别参加集团公司、兰州资源环境职业技术大学组织的素质提升培训，全面提升培训质量和效果；聘请红古区检察院专职人员、甘肃省招标管理中心专家以及中联会（中国物流与采购联合会）专家、职业法律顾问，对集团公司内部专家评委、采购人员从法律法规、物资采购方式方法等方面，开展培训238人次，进一步提升了物资采购人员专业技术能力；开展关键岗位和重点部门从业人员业务风险辨识和法律风险防控专题培训10期258人次，有效提升了从业人员的学法用法意识、理论知识水平和风险防控能力。积极争取外委培训和交流学习机会，抽调4名业务骨干参加中国物流采购联合会举办的公共采购行业年会暨电商交易生态体系建设高峰论坛，探究国内前沿采购方法；组织17名业务骨干分别赴华煤集团、宁煤集团，学习物资采购管理、供应管理、库房标准化、支部建设等方面的内容，掌握央企先进的管理标准，为推动公司物资供应管理提升开阔了视野，拓展了思路。

二是充实素质提升内容。为进一步加强职工素质提升培训工作，利用岗位优势，锤炼管理干部的讲学能力，提高业务人员的综合水平，助推全员综合素质提升工作，取得新成效。本着"讲必有备、学必有记、逢讲必考"的原则，采用"集中讲课、现场打分、网上授课、分步推进"的方式，在全公司范围内开展每周五职工素质提升"小课堂"培训。从2020年至2022年上半年，举办"小课堂"培训92期，参培2576人次，其中：供应公司领导授课28次，业务副主管及以上干部授课53次，专业技术人员授课11次。培训内容围绕各项管理制度、工作业务，紧贴岗位职责，以安全培训为重点，突出新法律、新规程、新标准、新技术、新工艺、新设备和新材料等方面内容进行培训。通过培训，岗位人员拓宽了视野，掌握了业务流程，获取了新知识，工作能力有了大幅提高，岗位人员素质和业务技能进一步提升。

三是改进素质提升方式。在坚持每周三下午全员自主学习和每周五"小课堂"集中培训的同时，供应公司积极开展岗位练兵、知识竞赛、技能比赛等活动，注重现场实操的精准培训，用实训提升实战技能，以实战检验实训效果，全面提升培训效果。在保证职工理解理论知识的同时，以知促行，提高工作质量和效率；积极开展党建＋库房标准化建设、安全作业现场管理等活动16次，通过现场开展培训教学，规范工作人员操作流程，库房物资按物料种类、规格分区堆放整齐，检查各类特种作业设备，纠正日常作业中存在的问题，保证了所有工作都在安全的工作环境中进行。

三、坚持加压驱动，注重素质提升长效性

立足全员素质提升工作取得实质性突破和长远性效应，供应公司紧紧围绕全员素质提升的实际需要，把完善制度、强化考核作为检验素质提升工作的关键环节，着力健全教育培训制度体系，构建素质提升教育培训工作长效机制。

一是强化制度保障。按照《窑街煤电集团有限公司职工职业教育培训管理办法》《窑街煤电集团有限公司职工职业技能等级认定管理办法》等，结合供应公司职工素质培训、授课情况和职工队伍素质现状，制定了《供应公司职工素质提升3—5年规划》《供应公司专、兼职教师的考核管理办法》等制度和年度全员素质提升工作安排，修订完善素质提升方面7项管理制度。通过入职培训、岗位培训、日常管理制度及事务培训、职业生涯长期规划等方面，全方位全过程保障职工素质提升质量，推动物资供应专业化队伍建设。

二是加大督导力度。坚持每季度召开全员素质提升职工培训教育座谈会，通过每月检查通报当月各部室、站点全员素质提升工作情况，总结前期教育培训工作中的不足，明确下一季度的培训工作，紧紧围绕物资供应中心任务开展工作，切实担负起教育管理、宣传凝聚、保障职工的职责，提升了部室、站点人员的组织力、执行力、战斗力。

三是强化考核管理。把全员素质提升工作纳入安全生产标准化体系建设要素、党建工作目标管理、基层单位党支部书记述职评议、业务主管年度履职及聘期进行综合考核、重点工作执行督办内容，由党群工作部、综合办公室、安全保卫部定期对各部室、站点素质提升工作进展情况进行督办。定期和不定期的检查，实行月考核、季评比，考核结果纳入安全结构工资进行奖罚；由综合办公室牵头，每季度对职工素质提升工作进行一次全面检查。对培训工作不积极、敷衍塞责、落实不力、考核成绩低于90分的单位和责任人进行通报批评；对假培训、假考试、假材料等造假行为，按严重"三违"论处，对主要负责人给予追责问责。通过分解指标，落实培训责任，抓好培训机制，确保培训任务和素质提升工作落到实处。

供应公司将牢固树立"没有最好、只有更好，没有终点、只有起点"的全员素质提升理念，深入贯彻集团公司关于全员素质提升工作安排部署，始终坚持"以人为本，人才强企"战略，不断创新培训方式、提升培训质量、完善培训体系，继续深化"三个坚持"、落实"三个提升"，以更高标准、更大力度、更实举措，推进全员素质提升工作提档升级，为全面构建物资供应工作高质量发展新格局奠定更加坚实的基础。

精心打造内部治安防范专业化队伍

窑街煤电集团有限公司保卫部

保卫部伴随着集团公司的发展一步步成长，1958年建企之时就成立了保卫组，先后经历了保卫科、武保组、保卫处，1988年成立了公安处，2011年公安处移交地方政府，重新抽调人员成立了保卫部。保卫部承担着集团公司内部治安防范、消防安全、危化品、火工品安全管理、交通安全管理、平安企业建设等业务。近年来，保卫部坚持党管培训和正向激励，以"思想、安全、能力、素质、责任"为中心，以"学法规、抓落实、强管理"活动为抓手，紧扣维护企业内部治安安全和社会稳定这一主题，在方法上、手段上、机制上求创新，从内容上、形式上、针对性上出实招，边学边干，在培训中提升素养，在实践中积累经验，打造出了一支执行力强、作风过硬的治安保卫队伍。

一、强化基础培训，职工业务素质快速提升

推行"积分制"，政策理论入脑入心。充分利用"雨课堂""学习强国""甘肃党建""普法学习"等网络平台推行培训活动及全员考试制度。各业务队室按照必知必会、应知应会、知识延伸三个层次，建立题库，坚持每日一题、每周一考，将答题积分、"学习强国"、"甘肃党建"积分和每周宣讲积分实行单项奖励，鼓励职工积极主动学习党建知识、各类法律法规及集团公司相关政策规定，有效拓展职工知识面。班子成员带头宣讲，开展专题研讨等活动，同时紧密联系工作实际，以职工最关心、最现实、最直接的热点问题为主线，使职工对业务知识有了更深层次的理解，在开展矛盾排查化解、心理咨询、帮扶济困等活动中，有效处理劳动用工、工资待遇、劳动争议调处等问题，依法维护职工群众的知情权、参与权、监督权，构建了

企业与职工休戚与共、唇齿相连的命运共同体。同时强化政策宣讲，提升职工群众工作能力，在维稳工作中的劝解说服能力，通过政策理论学习研讨，职工在处置群体性事件和接待上访人员中做群众工作的能力有了明显提高，群体性上访和缠访闹访问题得到有效化解和处置。10多年来，没有因信访问题引发治安事件。

坚持导师带徒，基础素质迅速提高。为尽快实现原公安处移交后内部治安防范不断档，保持矿区稳定和内部安保工作有效衔接，保卫部新成立之初，就坚持每天集中学习两小时，充分利用与窑街公安分局合署办公的有利条件，邀请原公安处人员宣讲保卫工作基础知识，让全体职工对消防管理、治安重点部位管理、生产要害部位管理、危化品管理、火工品管理、交通安全管理、内部治安防范等应知应会知识进行系统学习。每月一次的安全检查由原公安处人员带队，现场讲解，学以致用，知行并进，基础业务素质得到了迅速提升。之后，通过业务考试和日常业绩考核，将成绩突出的职工选拔到管理岗位，并形成管理人员选聘的长效机制，职工学习业务的积极性显著提高。先后将20名业务骨干选聘到管理人员岗位，发挥了示范带动作用。窑街公安分局撤销后，保卫业务独立运行，矿区治安秩序保持持续稳定。

坚持军事训练，队伍执行力不断提升。基于保卫工作的特殊性要求，保卫队伍必须具备军队一样的坚强执行力。面对新调入人员多、绝大多数没有从事过保卫工作的现状，保卫部自重新成立之初，就把军事化训练当作队伍的必修课。对新选调的人员进行为期半年的军训，制定训练大纲，开展以体能、队列队形、拳术、警棍盾牌术、礼仪、应急处突等科目的基础性军事化训练，进一步提升了队伍的执行力，增强了组织的纪律性。同时坚持每天出操训练，每年集中军训一个月，并将军训成绩纳入考核内容，每年评选出优秀教官、军训先进个人予以奖励。通过长期坚持，团队意识和执行力不断增强，当年就达到了兰州市公安局标准化保卫部和标准化护卫队要求，成为兰州市保卫工作标准化先进单位。在兰州市公安局护卫队技术比武中荣获第二名，曾多次代表窑街煤电集团公司民兵预备役参加点验，展示了企业形象。在2015年职工讨薪上访、2017年天祝煤业公司职工上访、海石湾煤矿突发油气火灾事故等值勤中，全体职工不分昼夜、放弃节假日坚守岗位，最长值勤100多天，毫无怨言。特别是在2020年以来的疫情防控中，保卫部组织党员志愿者服务队，坚守在疫情防控第一线，坚持落实"一扫三查"防控措施，及时进行场所消杀，坚守各卡口点执勤，保障集团公司复工复产和设备运输及产品销售畅通，展现出了军队一样的强大执行力，为集团公司改革发展稳定作出了积极贡献。黄周平同志被共青团甘肃省委评为优秀青年志愿者和疫情防控先进个人。

二、强化常态化培训，职工文化技能同步提高

开展学历提升工程，学历结构得到改善。保卫部现有在岗职工38人，其中退伍军人20人，占职工总数的52.6%。一直以来，保卫部持续推行准军事化管理，形成了工作执行力强、作风硬朗的特点，但同时也暴露出队伍整体文化素质偏低、学习能力不强、专业技能水平提高缓慢等问题，保卫部有针对性地制定了《保卫部职工素质提升3—5年规划》，实行学历提升收购政策，鼓励职工积极报考专业院校，提升文化学历，有6人正在进行本科学历提升自考，4人已取得本科毕业证书。目前，大专学历25人，本科学历9人，分别占职工总数的65.7%和23.6%。通过参加全国自考，提升了职工学历，也提高了自学能力。

开展职业技能提升工程，业务技能显著提高。自2018年，保卫部制定了《保卫部职工教育培训计划》等多项职工素质提升方案，对管理人员提出干什么就要考什么证的硬性要求，对考取专业资格证书的人员实行证书收购政策。通过正向激励，职工学业务的热情得到激发，考取计算机一级等级证书共15人，管理人员获证率达65%，3人考取了危化品管理人员资质，4人正在考取消防员资质。

开展"讲学考"工程，自学热情得到激发。保卫部坚持每周开展一次职工大讲堂，提倡"我的业务我来讲"，要求管理人员每年讲课3次以上，副队级以上管理人员每年义务授课不少于1次，其他人员自愿讲课，每次给予100元的备课费。实行每讲必评，每讲必考，由听课人员对讲课人打分，每季评选优秀讲课人和优秀课件，由讲课人出题，听课人考试，每季评选最佳学员给予奖励。部领导对每次讲课进行现场点评，对完不成讲课任务和备课、讲课敷衍塞责、被动应付的及时予以批评并实行经济处罚。一系列激励措施实施后，全体管理人员通过备课查资料，提升了业务技能，听课人通过考试拓展了知识面。通过"讲学考"，全体管理人员具备了独立制作PPT课件、脱稿讲业务知识的能力，形成竞相上讲台的良好局面，在集团公司消防培训、危化品、火工品培训、交通安全培训等多项培训班上，保卫部管理人员的讲授既有理论知识，又能联系集团公司安全生产实际，得到了学员们一致好评。

开展新业务提升工程，视野不断开阔。针对保卫工作中的难点和新知识、新要求，保卫部采取"走出去""请进来"的办法，提升职工综合素质，不断满足新时代对保卫工作的新要求。

保卫部党总支将消防安全、危化品安全以及交通安全培训作为重点，对有关法规、安全制度、安全措施、保障安全的操作规程等内容进行深入研讨，对各单位各岗位相关人员进行专业化培训，切实提高了各岗位专职安全人员的防范水平。同时，把防范化解风险作为发挥领导作用的重要任务，在安全防范、经营、环保、疫情等风险方面及时研究提出相关意见，有效应对化解了各类风险挑战。尤其是严格按照国家标准以及行业标准进行授课讲解，充分利用网络教学，选用优质的网络教学平台，组织职工进行网络安全培训，打破了职工学习时间、学习地点受限的困局，提高了职工的安全防范意识。

针对近年来国家对消防工作的新要求，每年选派部分职工参加省市消防部门举办的培训班，学习新知识，推广新设备，在集团公司各单位推广应用水基灭火器，配备微型消防站，在人员密集场所及热电公司、油页岩公司等单位推广使用自动化喷淋系统，提高了消防基础设施标准，达到国家消防新要求。针对在处置群体性事件中排摸不及时、处置突发事件中的畏难情绪，邀请律师事务所律师对集团公司保卫、护卫人员进行新型法律知识专题培训授课，讲解《内保工作条例》，让保卫人员明确工作职责和法律赋予的权限，在工作中大胆行使权利，依法处置突发事件。邀请集团公司信访部门负责人讲解信息排查方法和技巧，使全体保卫人员保持对不稳定因素的敏感性，把握信息排摸时效和渠道，自2017年以来，各类不稳定信息及时准确，所有矛盾都能化解在基层，没有发生在集团公司总部的群体性事件。由保卫部领导讲解群体性突发事件的处置技巧，各单位保卫人员在处置群体性事件中更加积极主动，先后处置了2015年职工讨薪上访、2017年天祝煤业公司职工上访、2022年科贝德劳务派遣人员上访等群体性事件，从现场警戒、信息收集、化解矛盾、瓦解群体等方面做到有礼有节、依法处置，没有引发治安问题。2018年，对发生在矿区的3次农民工恶意讨薪事件，配合地方公安机关依法打击，杜绝了类似恶意讨薪问题。对当地农民非法占领海石湾煤矿皮带斜井广场问题，配合公安部门依法取证，严厉打击，使困扰企业十多年的难题得到解决。在各生产矿举办法治培训班，引导职工群众依法反映自己的诉求，通过法律渠道解决劳动纠纷，规范信访秩序。自2017年以来，群体性事件比2015年下降174%。多年来沉淀的1—4级工伤离岗人员上访、"五七工"上访及工伤问题的单个上访得到依法解决。

三、职工"点菜"，单位买单，满足新知识需求

随着时代的发展，企业安保工作也随着网络时代不断更新。为加快适应时代发展和集团公司的要求，保卫部推行"菜单"式培训机制。每年初向职工征集培训需求，保卫部制定培训计划，管理人员进行"命题"式备课，邀请专业人员讲授新型知识，购买职工所需学习资料、书籍，征订网课，满足职工对新知识的需求。

礼仪培训树形象。为适应集团公司对保卫部的新要求，保卫办把礼仪培训纳入军训内容。制定"十化工作要求"（举止文明化、仪表整洁化、会议规范化、接待正规化、场所公德化、工作精细化、管理人员示范化、办事高效化、考核严格化、奖惩制度化），通过制度建设与培训结合，保卫部及各单位护卫人员实现了个人素质"大提升"、业务能力"大提高"、精神面貌"大转变"。努力打造高素质专业化的干部队伍，养成纪律严明、令行禁止、雷厉风行、从严管理风气，形成"人要精神，物要整洁，话要和气，事要公道"的优良作风。集团公司机关大院卫生整洁，日常门卫守护、重大节会执勤等，从着装、站姿、坐姿、手势等方面有了大转变，塑造了保卫人员的新形象，也展示了企业的新面貌。

应急演练保实战。为适应新形势下集团公司内部治安保卫和应急处置工作的需要，切实提高突发事件的应急处置能力，保卫部严格按照"注重细节，追求极致，干到精致"的工作要求，进一步加强应急演练。保卫部每年利用集中军训期，开展机关大院消防演习、突发事件应急集结、交通事故应急救援、突发特大刑事案件现场警戒等应急演练活动，通过演练固化形成保卫人员的日常行为习惯。全体保卫人员每天24小时通讯畅通、外出请假养成了习惯，确保发生重大突发事件时，15分钟完成集结，到达现场。同时，针对铁运公司通勤车队、供应公司火工品运输、各生产矿安全生产、金能公司商场等工作和场所特点，开展交通事故应急演练、火工品爆炸事故应急救援演练、安全生产事故现场警戒及善后处置演练、商场防踩踏演练等活动，保障了在发生突发事件时警戒、疏散、救援等工作按照应急预案要求有序开展。对所有二级单位每年一次的消防演习进行现场指导，保证演习的针对性，达到实战化的要求。在2012年二小区天然气闪爆事故及近年来煤矿安全生产事故中，保卫人员迅速集结到达指定位置，完成警戒和救援任务。在兰州市公安局突击检查和点验中得到充分肯定。

疫情防控显担当。自2020年遭遇新冠肺炎疫情以来，保卫部意识到应对突发公共卫生事件方面的短板和弱项。面对资料短缺、培训师资力量缺乏对疫情防控知识掌握不全的迫切需要，保卫部通过在网络和上级相关文件要求中查找重点，制定保卫部疫情防控应急预案，通过手机APP上传给每个职工，在干中学、学中干。邀请兰州市第五医院专业人员到机关门卫现场演示，并积极联系到相关单位现场观摩学习，使全体保卫人员熟知门卫管理、外来人员排查、消毒液的配比、场所消杀、个人防护等知识，满足了疫情防控工作要求。在近三年的疫情防控中，集团公司职工零感染，各单位生产、生活没有受到影响。

资料配备满足需求。为满足职工学习需求，保卫部年初征求各队室学习资料名录，由办公室负责征订相关资料和书籍、报刊，先后购买《建筑消防规范》共4册3套，《消防工作手册》《交通安全法》《民法典》等相关学习资料及报刊、杂志，每年投入2万多元，让管理人员讲课有资料，学习有工具，提升专业素养。为满足职工考证需求，为职工征订网课，在考证后一并报销收购。职工通过自学，业务技能不断提高，全面适应当前治安保卫工作的新需要。自保卫部新成立以来，实现集团公司零火灾，危化品、火工品零事故，交通安全连续3年零事故，连续7年没有发生重大及以上刑事案件，治安秩序持续稳定。集团公司平安建设连续3年达到省级良好以上等级，连续两年被红古区评为消防先进单位、禁毒工作先进单位和交通安全先进单位。

风正潮平，自当扬帆破浪；任重道远，更需快马加鞭。保卫部将坚持以习近平新时代中国特色社会主义思想为指导，认真贯彻落实集团公司关于全员素质提升工作的一系列安排部署，以更加坚定的态度、更加务实的作风、更加执着的干劲，用心用力抓好职工素质提升工作，努力打造一支内部治安防范专业化队伍，为集团公司改革发展稳定保驾护航。

搭建企校合作平台　致力全员素质提升

窑街煤电集团有限公司职业教育中心

职业教育中心主要承担窑街煤电集团有限公司的"三项岗位人员"培训、专业技术人员培训、继续教育培训、技能提升培训、党员干部培训、职工素质提升、技工教育及函授学历教育等教育培训工作。近年来，职业教育中心经历了移交地方和合作办学的复杂经历，感受了冰火两重天的洗礼，同时也紧抓集团公司高质量发展的难得机遇，职业培训教育工作迅速步入正轨，全体教职工更是怀着感恩之心，全身心投入到集团公司职工培训教育和全员素质提升工作当中，取得了可喜的成绩。

一、涅槃重生，翻篇归零再出发

2017年，根据国有企业社会化职能改革政策规定，职业教育中心（窑煤技校）移交至兰州市红古区政府管理，业务完全进入了市场化运营阶段。受煤炭行业去产能和祁连山生态环境保护影响，省内小型煤矿企业大量关闭，大型煤矿也开始采用内部退养等手段大量减员，煤矿培训业务大量萎缩；技工学校也因地域偏僻、无食宿条件等原因无法实现全日制招生，面临摘牌风险；函授学历教育业务受煤矿行业效益下滑影响，招生人数锐减。在这样的大背景下，培训工作市场萎缩、生源不足，教职工工资没有保障，保吃饭的压力急剧增大，人心惶惶，职业教育中心面临着关门的风险。

面对职业教育中心实际困难，在省政府国资委的主导下，按照国家职业教育改革相关政策，窑煤集团与红古区政府多次召开会议，于2020年3月17日签订了企地联合办学协议。窑煤集团给政策、给业务，教职工们心怀感恩，再次全身心投入到培训教育工作中，培训中心呈现出一派欣欣向荣的发展景象。

近年来，窑煤集团煤炭生产向绿色清洁高效利用转变，产品结构向高附加值转变，产业结构向技术知识密集型转变，煤矿"四化"建设突飞猛进，信息化、智能化、绿色化主要特征凸显，管理、装备、素质、系统"四并重"对集团公司职工整体素质的要求快速提高，这给企业职工培训教育工作带来了难得的发展机遇。"技能甘肃"给集团公司职教事业带来了机遇叠加，2021年3月，窑煤集团与兰州资源环境职业技术大学签订合作协议，职业教育中心接受兰州资源环境职业技术大学托管，成立煤基产业学院，深化企校深度融合，职工培训教育工作步入了高速发展的快车道。

二、企校合作，搭建平台提质效

职业教育中心紧抓集团公司和兰州资源环境职业技术大学深化融合的机遇，不断从师资建设、教育教学、管理方式、质量保障、实训基地建设等多个方面定措施、想办法，充分利用兰州资源环境职业技术大学优质资源，落实管理措施，提高教育培训工作的质量和效果。

（一）加强师德教育，全面深化新时代教师队伍建设。职业教育中心通过加强三类学习，内强素质外塑形象，培养了一支政治素质强，业务水平好的教职工队伍，为集团公司全员素质提升和教育培训工作提供了有力的师资保障。一是组织教职工认真学习贯彻习近平新时代中国特色社会主义思想和党的十九大及十九届历次全会精神，牢固树立"四个意识"，坚定"四个自信"，做到"两个维护"。二是组织教职工认真学习集团公司"十四五"发展规划对素质提升、职工培训、职业教育改革及管理人员学历提升等方面的要求，充分利用企校合作深度融合的机会，推动集团公司职业教育培训工作更具有针对性、实效性和长久性，力争实现企校合作互利双赢。三是通过多项举措加强师资队伍建设，营造了学习业务、钻研技术、提高本领的良好氛围，提升了教师队伍的整体素质。张春兰老师受邀在全省14个地州市和部分县区宣讲新安全生产法，其课件作为兰州资源环境职业技术大学精品课在甘肃应急管理学院网络培训平台上线，供全省应急管理人员学习；马宗明、冯国英、王海俊等老师在兰州资源环境职业技术大学举办的全省师资培训班、华亭煤业班组长提升培训班等班上的授课质量得到了大家的肯定和赞许。

（二）创新培训思路，保证教育培训质效稳步提升。针对职工教育培训工作，职业教育中心提出了"两个精准"和"四个多样"的培训模式，提升了教育培训的质量和效果。"两个精准"就是精准划定培训对象，确定参培人员；精准设置培训内容，培训内容与岗位需求、企业要求相匹配。"四个多样"就是培训方式多样化，根据实际需求，采取线下、线上和送教上门等方式培训，尤其线上培训有效降低了疫情对培训带来的各类风险；选聘教师多样化，根据理论研究深厚和实践经验丰富两个条件，建立外聘教师库，包含兰州资源环境职业技术大学专家教授、集团公司中层以上管理人员、专业技术人员、高技能技工等在内的人员，保证了培训与企业实际的紧密结合，提升了培训效果；培训方法多样化，实现了集理念技能、案例研讨和角色扮演三位一体的培训方式，将"讲授、观摩、研讨、团建、演练、总结"等多种方式穿插进行；监督模式多样化，线下培训签到采用人脸识别、身份证识别等，教学过程通过随堂听课、拍视频、拍照片等方式进行监督，线上培训采用抓拍模式等进行监督，培训效果明显改善。

（三）精心设置课程，培训效果显著提高。按照集团公司职工培训教育工作安排，职业教育中心全力推动集团公司内部的各类培训工作，在课程设置、授课教师配备、课堂管理、培训效果评价等方面精心准备、认真谋划，培训的合格率、满意率均得到很大提高，保证了各类人员的持证需求和人员素质的整体提升。特别是在资环大学开设的班组长（区队长）能力提升班、电工（钳工）能力提升班、PLC控制技术培训班、计算机能力提升班等特色专项培训班，培训质量和效果尤为突出，获得了学员和培训单位的一致赞许。

三、突出主责，真抓实干求实效

（一）在学懂吃透国家政策上下功夫，推动技工教育培训工作取得实效。立足企业和技工学校办学实际，为保证提升集团公司职工素质，确保企业实现安全、高效和可持续发展，开设了多专业非全日制技校班，招收集团公司各生产矿符合条件的1277名职工为非全日制技校生，既为低学历职工提供了提升知识、能力和素质的平台，又提供了学历提升的机会，保证了这些职工取得学历后能够满足煤矿从业人员上岗的学历要求。其次，组织教职工认真学习研究国家、省市对职业教育改革、安全技能提升、新型学徒培养等相关政策文件，在吃透文件精神、弄懂政策规定的基础上，紧抓国家对技能提升、新型学徒培养给予补贴的大好时机，制定科学合理的培训方案和培训计划，在提升职工岗位技能的同时申领到了国家的培训补贴。

（二）围绕企业实际更新思维，促进非全日制技校教学和新型学徒培养工作稳步推进。为有效解决非全日制技校教学和新型学徒培养工作工学矛盾，职业教育中心创造性地提出了"两个统一"和"三个灵活"的教学模式。"两个统一"，即教学内容统一，通过企校双方根据工种和岗位需求，共同制定学习方案，确定学习内容；管理方式统一，均采用企校双制、工学一体、双师带徒模式，职业教育中心和各生产单位相互设置班主任，对学员进行统一管理。"三个灵活"，即上课时间灵活，充分考虑职工工作时间和业余时间，授课以各单位提出的时间为主，送教到企，有效缓解工学矛盾；教学方式灵活，按照新型学徒培养的效果和质量要求，根据学习内容，使课堂集中教学与岗位现场教学灵活交替，保证理论、实操一体化教学，突出实操学习效果；考试方式灵活，理论考试与岗位现场实操考试灵活结合，突出技能考试要求，保证培训效果。

（三）锚定集团公司高质量发展目标，积极推进函授学历教育的稳步实施。职业教育中心针对集团公司职工，特别是一部分老职工学历先天不足、需要后天强化的实际状况，严格按照成人学历教育和合作院校办学相关规定，采用微信、抖音等新媒体公众号，加大招生宣传，积极扩展函授学历教育规模，前后有643人参加了函授大专、本科的学历提升。同时加大函授教育教学管理，严格按照合作办学院校的相关规定，有针对性地管理学生的日常学习和考试，特别是对网络课程学习、网络考试等做了充分的准备和严格的考核，保证了函授教育教学的质量。继西安科技大学、华北科技学院采用网络化教学后，经过多方努力，兰州资源环境职业技术大学函授教学通过加入青书课堂网络平台，也实现了函授网络教学。至此，函授教学全部实现了网络化教学、网络化管理。

（四）充分发挥实操实训基地功能作用，全力提高从业人员操作技能水平。为了夯实安全生产基础，提升全员素质，保证各单位人员能够持证上岗，在原有煤矿安全模拟实验室、综采机械实验室、"一通三防"实验室、电钳焊工实训室等实操实训的基础上，集团公司投资建设实操考试基地达到了省级示范性实操考试基地的标准。实操培训考试基地立足集团公司，面向周边地区，积极开展特种作业人员的实操培训考试，实现区域内资源共享，充分发挥出实操考试基地的社会服务功能，为区域内相关企业和社会职业培训服务。按照国家、省市关于特种作业人员实操培训政策要求，在特种作业人员培训、安全技能提升培训中，实操培训课时比例基本达到了40%；特别是在集团公司电工、钳工、焊工技能培训、计算机技能提升培训中，实操课时比例更是超过60%，确保了学员实际操作能力满足岗位需要。